中学生になったら

宮下　聡

岩波ジュニア新書 853

目　次

序章　中学生時代は人生の土台……1
たった一度の中学三年間だから
鉄人28号ではなく、鉄腕アトムを目指して!
あっという間の三年間、だけど特別な三年間
中学生時代は人生の土台
自らを創り出す第二の誕生=〝思春期〟
心も体も〝第二の誕生〟
男らしさ女らしさと〝性別違和〟
大切な存在=友だち

1章　中学校の生活……33

中学生の生活

登校／朝練(朝練習)／朝の会／授業／休み時間／給食・弁当／昼休み／帰りの会／掃除／部活／生徒会／行事(実行)委員会／学級の係／下校／定期テスト／校則／制服・標準服／通知表／夏休み・冬休み活用術／先生への質問、先生とのおしゃべり／自分の疑問、授業中の質問は他の人も救われる

中学校の先生とのつきあい方

2章　中学生の勉強方法……65

学ぶことは楽しい！　各教科を味わおう

国語の面白さ／社会科の面白さ／数学の面白さ／理科の面白さ／英語の面白さ／音楽の面白さ／美術の面白さ／保健の面白さ／体育の面白さ／技術科の面白さ／家庭科の面白さ

学んだことはどんなことでもすべて「自分」になる
授業以外の学習が授業の「わかる」につながる
「ちょっとわかる」の快感と「やればできる」の実感／「期限」と「希望」がカギ／授業は大切！／ノートづくりは「勉強づくり」
先生活用術＝休み時間、放課後、いつでも気軽に質問
計画を立てる
段取り能力を身につける／反省して成長する
計画を実行する
得意な教科からするか、苦手な教科からするか／苦手な教科は得意な分野をつくることから
学習塾の活用
塾にも目的のタイプと形態で様々な違いがある／塾を活用するということの意味
趣味・習い事は「勉強」以外の学びと人生に役立つ
家庭学習・自ら学ぶ時間の大切さ

3章　学ぶことの意味を考える

3章　学ぶことの意味を考える……117
勉強は何のためにするのか
私たちはどうしてご飯を食べるのか……
「学ぶこと」はワクワクする楽しい活動
自分にあったやり方で学び「できた」と実感できれば
学びは新しい出会いをつくること！　すべてはそこから
学校って行かなくちゃいけないの？
勉強嫌いのユキヤ君が勉強を始めたワケ
幸福に向かって生きる権利と学ぶ権利
誰もが「幸せ」に向かって生きる権利がある
ユネスコ学習権宣言

4章　進路を拓く、人生をデザインする

4章　進路を拓く、人生をデザインする……143
今の世界に一人だけの……
歴史の中で一人だけの……
つながってはいても親とは違う特別な自分
自分の人生をデザインする
何のために働くのか
一人暮らしをデザインする
私たちは働くことで支え合って生きている
コペル君の発見「人間分子の関係、網目の法則」
働くことと幸せに生きること
職場体験で学ぶ
中学校卒業後の進路を拓く

「選ぶために」と「選ばれるために」
自分の希望をハッキリさせる／自分の希望と特性にあった学校がいい学校／「合格の可能性」も大切な選択条件／「我が家の事情」と支援の仕組みも知っておく／最後は実際に自分の足で歩いて自分の目で見て
選ばれるための三要素
「彼を知る」＝高校側が何を重視して選ぶのかを知る／「己を知る」＝自分のできること、できないこと、自分を乗らせる勉強の仕方／「ベストを尽くす」＝合格目指して受験対策・試験本番
三年生ならではの勉強課題
合格目指して取り組む／新しい高校生活に向けて準備する
5章 一緒に考えましょう、こんなときどうする……195
いじめ

不登校
先生
友だち
部活
インターネット
クラスのなかで「あれ?」って思う子に気づいたら

✦終章　子どもの権利条約に出会いましたか……231
子どもの権利条約

おわりに――この本に込めた思い……239

章扉イラスト=スカイエマ

本書に登場する子どもたちの名前はすべて仮名であり、特定の子どもや保護者・教職員を想定できないよう配慮をして、細部をかえてあります。またいくつかの事例を凝縮して再構成しなおしたケースもあります。

序章

中学生時代は人生の土台

たった一度の中学三年間だから

中学校では、三年間の生活を通して、授業や部活、様々な行事などを経験します。そして中学生は、友だちと一緒に笑い、泣き、喜び、悩み、一生懸命がんばって一つのことをやり遂げる体験をたくさんします。その中で誰かとぶつかり合い、もしかしたら傷つくこともあるでしょう。また、人としてやってはいけないことをしてしまい、自分だけでなく友だちや周囲の人を苦しませたり悲しませたりすることがあるかもしれません。でもその体験の一つ一つは、自分という「人間」の財産になり、これからの人生の礎(土台)になっていきます。その「自分」という人間は、この宇宙が始まってから今日までの何百年もの間、そしてこの先ずっと続く未来までの長い時間を考えても、今この瞬間の世界を見回しても、どこにもいないただ一人というかけがえのない存在です。あなたの歩んできた道は、他の誰でもない「あなた」のつくった確かな歴史であり、「未だ来ていない」と書く「あなた」の未来の姿は「あなた」の意志で切り拓く「あなた」のものです。

私はあなたにこの価値ある三年間の中学生時代を豊かに生きてほしいと願っています。なぜなら、この中学生時代は人生の土台になるからです。「人生の土台って何のこと?」って思う人もいるかもしれません。そして、ほとんどの場合、中学生時代まっただ中にいるときはこのことに気づきません。ましてや今、苦しみや悲しみの渦中にいたり、「迷路」に入っている人であればなおさらです。「そんなうまくいきっこない」「どうせ自分のことなんかわかってもらえない」という声も聞こえてきそうです。でも、私はすべての中学生に「大丈夫だよ。あなたの中学生時代はあなたの人生の財産になるからね」と伝えたいのです。それは三六年間教師として中学生と共に生きてきた経験から感じていることです。もちろん、その中には、理解してあげられなかったと悔やんでいる出会いもありましたし、どうかかわっていいかわからずに悩んだこともありました。それから、今になってもっとこうするべきだったと後悔していることも少なくありません。でも、私は中学生にかかわる仕事をしてきて本当に幸せだったと感じています。それはきっと、人生の土台づくりに懸命な中学生の輝きを受けてエネルギーをいっぱいもらい、それが私という人間の一部になってきたからです。回り道をしたり足踏みしたりしながらも、懸命に今を生きようとしている姿に心を揺さぶられ励まされてきたからです。その素敵な姿を、これから中学生時代をスタートさせる人や、今、中学生時代ど真ん中の人たちになんとか伝えたいと考えています。そして、「中学生時代を生きる」ということの意味と面白さをこの本を通して一緒に考えていきたいと思います。

✦鉄人28号ではなく、鉄腕アトムを目指して！

「あなたが目指すのは鉄人28号ですか？　それとも鉄腕アトムですか？」

私は新入生に出会うといつもこう問いかけ、「鉄腕アトムみたいになろう」と呼びかけています。「鉄腕アトムを目指せってどういうこと？」「ロボットになる気なんてありません」って思った人、ごめんなさい。ロボットになれってことじゃないんです。昔々、「鉄腕アトム」と「鉄人28号」という大人気のロボットマンガがありました。もちろん少年であった私もこのマンガに夢中になっていました。どちらもとても強いヒーローロボットなのですが、大きな違いがあります。それは鉄人28号が人間の操作するリモコンで動くのに対して、鉄腕アトムは自分で考えて動き、喜んだり悲しんだりという感情も恐怖心もある人間のようなロボットだということです。「鉄人28号」はリモコンを持つ人によって正義の味方にも悪魔の手先にもなります。それは自分の意志を持たず誰かの言うとおりに動くロボットだからです。反対に鉄腕アトムは自分で考えて行動しますから、悪魔の手先にはなりません。

小学校時代のうちに、もう鉄腕アトムレベルになったという人もいるかもしれませんね。でも「次何をするの？」「できないからやって」なんて誰かに言ってばかりいませんか？

自分がどうしたらいいか自分で考えることをせずに、誰かの指示を待って動いてばかりいる人は、まだまだ鉄腕アトムレベルとは言えません。それから、何かいけないことをしたり失敗したりして親や先生から「どうしてこんなことしたんだ!」と叱られたとき、「だって○○がやろうって言ったんだもん」なんて言い訳をしている人も鉄腕アトムのレベルとは言えません。小学生までならそれも許されるかもしれません。でも、中学生になったら大人へと近づくもう一歩次の段階に入ります。ですから自分で考えて、先を見通しながら行動する力をぜひつけていきたいものです。そういう力がつけられるような自分を目指す中学三年間にしてほしい、私はそう思っています。

中学生になったユウマ君は、授業中に立ち歩いたり大声でおしゃべりしたりして、よくいろいろな先生から注意されています。あるとき、注意した先生にこんなことを言っていました。

「人間は自由なんだからボクは何をしてもいいんだ!」

このユウマ君の言葉、あなたはどう思いますか。彼はどうしてこんなことを言ったのでしょうか。ユウマ君のご両親は小学校の卒業式の日、彼にこんな話をしていました。

「これからはユウマも中学生。親にいちいち聞いてばかりいないで自分で考えて行動しなくちゃね」

これまで親や先生から「○○しなさい」「○○してはいけません」と細かく言われ続けてきたユウマ君。この言葉を聞いて「これからは何でも思いのままだ」と誤解したのでしょうか。理由はどうあれ、自分の「やりたい」放題がまじめに授業を聞きたいと思っている人の「やりたい」を邪魔してしまっているのでした。彼の行動は学級会で問題とされ、「自由」の意味について考えるきっかけになりました。この話し合いをとおして自分のしたことの意味を理解した彼は、しっかり反省し「ごめんなさい」とみんなに謝ることができました。

こんなこともありました。カイト君は、朝出かけるときにお母さんから「今日は雨が降るから傘を持っていきなさい」と言われたので、傘を持って登校しました。でも結局雨は降りませんでした。ですからせっかく持っていった傘もそのまま持ち帰ることになってしまいました。しかも運悪く、その日は学校から持って帰らなければならないものが多かったので、傘はとても邪魔でした。大変な思いをしてやっと家にたどり着いたのです。そのときカイト君は、お母さんにこう思いをぶつけました。「まったくもう、お母さんが傘を持っていけなんて言うからいけないんだよ。こんなに大変なことになっちゃったのはお母さんのせいだ！」。こんな経験はありませんか。

小さいときには親や大人がいつもそばにいて、すべきことやしてはいけないことについて指示を出し、子どもはその通りにしていればだいたいうまくいっていたし、もしそれで困ったことがあればいつも誰かが助けてくれました。うまくいかなかった不満は指示を出している人にぶつければよかったのです。誰かの指示で動いていたとき、失敗はその誰かのせいにすることができました。でも、自分で決めた行動の場合は誰のせいにもできません。結果はすべて自分が引き受けなければなりません。ですから「自分で決めていいよ」って言われたとき、「自由って結構大変」っていう感想を持った中学生もいます。

実は「自由」と言ってもいくつかの意味があります。一つはよりよい「今」を求める自由、自分を縛っている不自由さから解き放たれることです。これを「～から、の自由」と呼ぶことにしましょう。もう一つはよりよい「未来」に向かう自由です。これを「～への自由」と呼んでいます。自分の願いや自分で考え決めたことに従って歩いていく自由です。私はこれを「～への自由」と呼んでいます。自由には、「～からの自由(今)」と「～への自由(未来)」があるのです。さっきのユウマ君の「何をしてもいいんだ!」という言葉は「～からの自由」を主張したのですね。

ちょっと次のヒオリさんの作文を読んでみてください。

私の中学校は「自由」を掲げていました。それは私の誇りです。当時、近隣のほとんどの公立中学校では「紙パックジュースの持ち込み」「夏の時期のポロシャツ着用」「昼休みの体育館開放」などは認められていませんでした。しかし、これらは、私の場合は入学したときには自由でした。もちろんこれらはすべて、生徒からの要望を声としてまとめ、学校と話し合うという大変な努力を経て手に入れられてきたものです。

しかし、実現までの苦難の過程を知らない私たちは、自由をはき違えた勝手な行動をとりだしてしまい、その自由を失うかもしれないという危機を迎えました。でも、そのとき先生方がしてくださった対応は、自由の剝奪ではなく、「自由とはいったい何か」という深い問いかけでした。私たちは少なからず信頼されていたのです。

より良い学校にするには、先生と生徒の信頼関係は必要不可欠です。先生方は何事にも抑圧するのではなく、生徒自身に考える場を持たせてくれました。

「自由だから何をしてもいい」という自由のはき違えをする人がいる中でも、私たちは、無謀にも「通学服を標準服も含めて自分で決める」という新たな自由の拡大を目指しました。ここで初めて自由を手にする苦難を知ったのです。自由の中の最低限のルールを、一人ひとりが責任を持って守らなければならなかったのだと……。つまり、「自由」には

「責任」が潜んでいたのです。

学校生活は、生徒が主体であり、だからこそ、指示を待つ受け身ではいけません。みんなの意思を確かめるために署名運動を行いました。そしてそこにあらわれた生徒の思いは、やがて一つの請願書となりました。こうした緻密な一つ一つの取り組みはあらたな自由を生みだし、次の「自由と責任」へと引き継がれていきました。まさに、先生方との信頼関係があったからこそ、こういった環境が生まれたのかもしれません。「自由だからこそ、人は考えることをしなくてはならない」。これは、三年間の中学校生活、生徒会活動を通して私自身が出した「自由とは……」の問いの答えでした。

どうですか、自由という言葉にも結構深い意味があるでしょう。もうちょっと詳しく話しましょう。

ヒオリさんたちが入学する前、その中学校の先輩たちは学校生活をもっとよくしたいと考え、それまで認められていなかった紙パックジュースを持ってきて飲むこと、夏服にポロシャツを着用すること、昼休みに体育館で遊べるようにすることなどを認めてもらおうと、生徒の声を集めて学校に働きかけて実現してきました。これらは生徒会活動として取り組まれましたが、自由を求めるだけでなく、紙パックのゴミ処理や体育館の後片付けなど「責任」の部分についてもしっかり話し合いみんなで守り合うことを決めました。ヒオリさんたちは先輩たちが挑戦した「自由拡大」の取り組みを引き継いで発展させようとしたのです。しかし、このときの生徒の中に、入学のときにはすでに与えられていた自由を「勝手放題」と勘違いする人が出てきてしまいました。例えば、昼休み終了のチャイムが鳴っても体育館で遊び続けていたりしました。体育館使用の約束破りは次の授業にも差し障りが出ました。先生たちも注意しましたし、生徒会役員会も啓発ポスターをつくって貼ったのですがそれも破られるようになってしまいました。そこで、先生たちは「体育館の使用を禁止する」と発表したのです。

違反に対する罰ではなく、「自由のために自由を制限する」という対処でした。つまり自由というのは、自分で考えて行動するアトムのような力があれば、上手に使うことで「便利」を味わえるのですが、そうでなければ自由が暴走してしまって「不便」を生み出してしまうものです。今回の場合は、状況を見て各自が考えて行動すればすむことだったのに、一部の人の勝手気ままな行動によって、「不便」がつくり出されコントロール不能な状態になったため、いったん自由を制限したということだったのです。その後、生徒が自由について考え始めたことによって、再び体育館は使えるようになりました。

中学生時代は、まず「〜からの自由(今)」を求めて大人や社会と向き合い、次に「〜への自由(未来)」に向かうために自分と向き合うようになっていくのです。なんだか難しそう、自分にできるかなって不安に思った人もいるかもしれません。でも大丈夫です。意識するかしないか、時期が早いか遅いか、どんなことがきっかけになるかなど、一人ひとりによって違いはあったとしても、誰でもみんな自然にそうなって、大人＝自立に向かって新しい自分をつくっていくようになるのです。

もちろん、誰でも最初から全部自分で決めて実行できるわけではありません。誰だって最初からお箸を上手に使ってご飯を食べることができなかったように、失敗をしながら体験を重ねていけば、必ずできるようになっていきます。小学生時代はそんな身の回りのことが自分でできるようになるための挑戦と失敗、そしてできたという喜びの繰り返し、そのことを通した成長の時期であり、中学生時代は自分の意志や判断に基づいて責任ある行動ができるようになるための挑戦と失敗、できたという喜びと、自分で考え決めていくことへと向かう成長の時期です。それは、自分という一人の人間がこれから生きていく生き方の基礎となるドラマチックな時間です。もちろん、これも一人ひとり早い遅いもあれば、課題の違いはありますが、いずれにしても、一番大切なのは「やりたい」「やるぞ！」っていう気持ちです。まずはその気持ちさえあればオッケー。それさえあればとにかく前に進めます。

だって、それはあなたが一人だけで挑戦するのではないからです。お父さんお母さんはもちろん、おじいちゃんやおばあちゃん、親戚のおじさんやおばさん、それから先生や周りの大人たちも、みんなあなたのサポーターです。えっ、「自分の周りにはそんなわかってくれる人なんていない」っていう人、そんなことはありません。今挙げた中に、相談できる人がいない場合はもっと視野を広げてごらんなさい。友だちや友だちのお父さんお母さん、学校の先生だって、担任の先生だけでなく保健室の先生や教科の先生まで広げていけばきっと見つかりますよ。だから安心して挑戦し、どんどん失敗したり回り道をしたりしていきましょう。その中にはきっと「やった！」って思えることがあるはずです。自分でよく考えることなく周りから言われたことをそのとおりにやったり、逆にただ反発するだけではなく、自分でよく考えて自分の意志で行動するアトムのような人を目指してほしいと思っています。

あっという間の三年間、だけど特別な三年間

今、日本人の平均寿命は八三歳だそうです。中学生の時代はそのうちの三年間。一人の人間の人生を考えると、中学生時代なんて一人の一生という時間のうちの四%にもならない、本当にあっという間の日々です。ところが、成人式や同窓会でその頃の友だちが集まると中学生だった頃の思い出話が堰を切ったようにあふれ出てくるということがよくあります。その一方で、中学三年間なんて思い出したくもないっていう人もいます。

あるとき、「あなたにとって中学生時代とはどんな時期でしたか?」「自分の中学生時代で心に残っている思い出はなんですか?」と、大学生に聞いてみました。大学生といえば、ほんの五~六年前まで中学生だった人たちです。その思い出のダントツ一位が、部活動と体育祭や文化祭などの行事。でも、部活動はイヤな思い出になっている人も同じくらいいました。さて、どんなことを言っているでしょう。

●Aさん「私の中学三年間の価値は、普段の授業や学級と部活での自分という二つの自分を経験しながら、それまでと違う新しい自分に出会えたことです」

➡中学生時代の学校生活というのは、同じ学年やクラスという教室の中での同じ年齢の友だちとの共同生活と、部活動で先輩・後輩という違う学年の友だちとの共同生活の二つがあります。Aさんはそれぞれにドラマがあり、その友だちとの生活を通してこれまでになかった自分を発見することができたのですね。中学校で先輩・後輩という友だち関係をつくる場は他にもあります。例えば文化祭や体育祭、それから、生徒会活動などでも違う学年の生徒が一緒に活動します。先輩から学び、自分たちの代でそれを発展させ後輩に伝える、学級の中では活躍の場が少なかった人が部活や生徒会や委員会でいきいきと活動しているということもよくあることです。中学校の面白さはここにもあります。自分に合った場所を見つけて自分らしさを磨いていってほしいと思います。

●Bさん「部活に明け暮れた三年間でした。一年生の頃は先輩から言われたとおりに自由に楽しく部活を楽しみました。二年生になると上級生として後輩のことを考えるようになり、三年生で部長になりました。最初はとにかく自分が指示を出してまとめればいいだけだと思っていたけれど、そのやり方でついてくる子もいれば不満を持つ子も出てきました。一人ひとりの思いに心配りをしていなかったことを反省し、一方的に仕切るだけでなくみんなの気持ちを引き出すことを考えるようになっていきました」

➡部活の中にも「ホップ、ステップ、ジャンプ」の成長ドラマがあります。一年生の頃、かっこいい先輩に憧れて一生懸命がんばった。今度は自分が「センパイ！」と呼ばれ、後輩から目標とされるようになる二年生。自分の技術を向上させるだけではなく、部全体のことや人を動かすことを考える三年生。放課後の部活動は教室の中の同じ年齢の友だちだけでなく、先輩・後輩、ときには卒業したＯＢの人たちにも触れることになります。この関係は、教室の学びだけではできない勉強もさせてくれます。

●Cさん「バスケット部で先生の指示は絶対で従うしかありませんでした。でも、三年生になったとき、とてもやりにくいし納得いかない指示が出たとき、仲間とやりやすいフォーメーションを話し合い、自分たちに合うやり方を先生に申し出て変えてもらったら大成功しました。大人に何か言うのは難しいと思ったけれど、仲間と一緒ならそれができるし自分も周りも変えられると思うようになりました」

➡小さいときは「絶対」だった先生の言葉や存在ですが、こうした先生との関係も小学校時代とは大きく変わります。中学生は先生や大人から言われたことでも、そのまま鵜呑み(うの)にするのではなく、自分にとってはどうなのかといったん問い直すようになります。そうして違うと思ったときは言葉や行動でそのことを表すようになります。最初はうまくいかないかもしれませんが、しだいに自分の意見として相手に伝えられるようになります。

どうですか。部活、友だち、先生、そしてここには出なかったけれど、勉強、進路選びなど思い出は人それぞれだけれど、どの人も今の自分の基礎になっていると考えていることがわかります。現役の中学生であるみなさんは今は気づかないかもしれませんが、あとで振り返ってみると、きっとそんなふうに感じることもあるはずです。

中学生時代は人生の土台

過ぎてしまえば中学生時代なんて、あっという間に感じられる人も多いでしょう。でも、この三年間は、「人生の土台」としてとても大きな意味を持っています。

中学校を卒業して何十年か経ってから同窓会などで顔を合わせると嬉しくなります。みんなそれぞれの人生を精一杯生きて、いろいろな分野で活躍する頼もしい社会人になっている姿に出会えるからです。その上、「今の仕事に就く出発点は中学時代だった」などという話を聞くとさらに嬉しくなります。えっ、中学生時代の生活で将来の仕事が決まってしまうってこと？　そんな中学生時代ってすごく大変そう……。いいえ、そういうことじゃないんです。

例えばこういうことです。今看護師をしているユマさんがこの仕事を選んだのは中学校の職場体験で病院に行ったことがきっかけでした。シュウガ君は中学校のときにバラバラだった吹奏楽部の部長としてがんばった体験がその後の人生に役立っていると話してくれました。ヒマリさんは、中学生時代は何をやってもダメな自分が嫌いになった。あの頃は毎日投げやりな生活態度だったけれど、応援してくれた友だちのおかげであきらめないでがんばれた。その経験が今の自分の土台だと言います。

でもその一方で、反対の思いの人もいます。ハルナさんは中学生時代に同級生からいじめを受けて、辛い思い出ばかり。ヒロト君は、悩みを相談したときに返ってきた先生の心ない言葉で傷つき、それ以来学校が嫌いになりました。ケンヤ君は中学校に入ってから勉強も部活もついていけなくて自分の居場所がなくなり学校に行かなくなりました。ハルナさんやヒロト君、ケンヤ君のような体験をしている人の中には、中学時代のことは思い出したくない、消し去ってしまいたいと考える人がいても不思議ではありません。逆に、ときがたって大学や専門学校などで新しい出会いがあったときに、「中学校が楽しかった」という人の話を聞いたことで自分ももう一度中学生時代をやり直したいと考えたりすることもあります。中学時代の思い出は人それぞれですが、いずれにしてもこの三年間は人生の中の特別な三年間と言えます。

どうしてなのでしょう。その理由の一つは、中学生時代がそれぞれの思春期時代と重なることにあります。

自らを創り出す第二の誕生＝〝思春期〟

思春期ってどんな時期？　医学的に、心理学的に、それぞれいろいろな説明があると思いますが、ざっくりと言えば「心や体が、子どもから大人へと大きく変化する時期」と言っていいと思います。一八世紀のフランスの思想家ルソーは「わたしたちは、(略)二回この世に生まれる。一回目は存在するために、二回目は生きるために」(『エミール』今野一雄訳、岩波文庫)と言って第二の誕生の時期＝思春期を説明しました。私たちがオギャーとこの世に誕生したとき、つまり第一の誕生のときというのは誰も自分の意志で親を選んだわけでもないし、こんな人生を送ろうと思ってこの世に生まれ出たわけでもありません。でも、思春期＝第二の誕生の時期＝今は、すでに生を受けてこの世に存在する「自分」が、自らの意志で新しい「自分」を生み出していくときなのです。新しい「自分」ってどういうことでしょうか。中学生の声を聞いてみましょう。

●まず、自分一人で考えてやってみたいんだ。それなのに、親がいちいち横からうるさく口出してくるのがウザい。

●今やろうと思っていたことをしつこく言われるとムカつく。だから「うるさい！」って言っちゃった。そのせいでよけいイラついた。でも言わずにガマンしているよりはましかも。

●あのとき言った「関係ないでしょ」の一言、お母さんを傷つけてしまったかもしれません。ごめんなさい、ちょっとイライラしていたんです。まだまだ子どもで何もできないくせにえらそうなことを言ってしまう自分がキライです。

こんな思いを経験した人いるんじゃないでしょうか。親や大人から与えられたものを感覚的な判断で受け入れたり拒否したりしていたこれまでの自分、誰かから指示されたことに従っていただけの自分とは違うワンランク上の自分、「なぜそうしなくてはいけないのか」「これでいいのだろうか」「どうありたいのか」と問う自分が生まれてきます。さらに「自分はこうしたい」と違う意見を言うようになったりします。そして、「自分は周囲の人にどう映っているのか」「自分はどういう存在なのか」と考えるようになります。自分というものを深く考えるとともに自分の外の世界をも新たな視点で見ることができるようになる、「第二の誕生」とはそういうことなのです。

第二の誕生の大きな要素は心の成長です。内側と外側の両方に思いが動く過渡期であるがゆえに、イライラしたり不機嫌な態度をとったりします。でも、心配いりません。これは誰にでもあることであり、誰もが経験してきたことだからです。大人たちは子どものこうした時期を「反抗期」と呼んできました。

ところで、それまで素直に言うことを聞いてきた子どもが、口答えするようになったり、言う通りにならなくなったりしてくると、大人は子どもの気持ちを考えないまま頭ごなしに叱りつけることがあります。多くの大人は、自分もかつて子どもであったことや、親や先生から考えを押しつけられたときどんな気持ちだったかをつい忘れてしまったりするからです。

そんなことをされ続けたら、子どもがどうなるか想像できなくなっているのです。実際に多くの子どもが自分に自信をなくしたり、大人に対して正直に自分を表現できなくなったりして悩んでいます。

どうしてこんなズレが起きるのでしょうか。そのワケを、ある高校生はこんなふうに話してくれました。「大人は、自分の言った通りに従う子どもを〝いい子〟と考えている。つまり大人にとって扱いやすい子のことだ。でも本当の〝いい子〟とは、自分で考えていろいろなことを決めていける子。親に言われたからといってそれを鵜呑みにして行動するのではなく、親に言われたことであっても本当に自分にとって良いことになるのかどうかを判断して、もし良いことにならないと思うのなら、それを親にきちんと話してわかってもらうことのできる子どものことではないか」と。もしあなたの中に大人への反発の気持ちが起きてきたのなら、それは自分が大人に向かって成長してきた証拠です。これまでの自分を土台にして、新しい自分づくりがあなたの中で始まっていることを意味します。

子どもは小さいときの「大人の言う通りに行動してきた自分」から「内なる意志に基づいて考え行動する自分」へと変化成長していきます。つまり、鉄人28号から鉄腕アトムへの脱皮、自立へのステップです。「反抗期」という言葉は、大人の思い通りにならなくなった子どもの行動を「反抗」ととらえたものであって、大人目線の言葉です。子どもの立場から見れば、これは「反抗」というマイナスイメージの言葉ではなく、自立へ向かう変化成長の時期、「自立期」とでも言うべきでしょう。自立に向かう意思表示としての子どもの「反抗」とそれを受けとめる周囲の大人の支え、これはときには意見のぶつかり合いにもなりますが、そういうことを繰り返しながら、みんな自立の階段を上ってきたのです。

さて、あなたはどんな「反抗・自立期」を過ごすのでしょう。

心も体も〝第二の誕生〟

オギャーとこの世に誕生したとき、「男の子です」とか「女の子ですよ」と判断する体の特徴を第一次性徴と言います。性徴の性は男か女かという性別の特徴という意味です。その後、身体面で様々な男女の違いが出てきます。これを第二次性徴と言います。小さい頃、つまり、幼児の頃の第一次性徴の段階では外から見てもあまりその違いがわかりません。それが思春期の時期になると違いがハッキリと分かれてきます。中学に入ると体育の授業やスポーツ競技も男女別になります。男性と女性では体格や体力に大きな違いが出てくる時期だからです。外から見てもわかる変化に、他の人と自分を比べて違いが気になったりします。変化の時期が早いとか遅いとか、見かけ上の大きいや小さいが気になったりするのです。こうした違いは一人ひとり顔や性格が違うのと同じように個性の一つです。ですから周りの人はそれほど気にしていないのですが、自分はそのことがとても気になって自信をなくしてしまったりすることがあるのです。ある程度の年齢になれば、一つ一つの違いすべてが「自分らしさなんだ」と受けとめられるようになりますが、大きく変わる中学生時代にはその違いが耐えがたいものに思えてしまう。そのときにはそれがとても重要なことに思えてしまう、そういう時期なのです。

男性か女性かという性の違いが体の変化としてあらわれてくる、それはみなさんが将来お母さんになったりお父さんになったりするための準備が体の中で進むということです。それは、自分と違う人生を生きるもう一人の「新しいいのちを生み出す」準備です。そして、これまで自分への責任だけが問われていたのに対して、今度は「新しいいのち」への責任をも負うようになっていく準備です。

この「準備」の中で、男の子は女の子を、女の子は男の子を異性として意識し始め、これまでのように普通におしゃべりができなくなったりします。それも自分が成長している証拠だと思ってもらえればいいと思います。また異性を意識するのと同じように同性を好きになる人もいるでしょう。「他の人と違う」と悩むかもしれませんが、深刻にならなくても大丈夫です。それよりも自分や自分の気持ちを大事にしてください。

「誰かを好きになる」って素敵なことです。こうした新しい経験は、自分の中に様々な感情の変化を生み出しますが、それに振り回されすぎないことです。自分や相手を大事にゆっくりと気持ちや関係を育んでいきましょう。大人たちのサポートと友だち同士の支えが必要な場合は遠慮なく言いましょう。

中学生時代＝思春期ってこんなに意味のある時期なんだと知っておいてほしいことと、そんな時期だから自分は毎日いろんなことで不安になって悩んだり、ちょっとしたことで安心したり嬉しかったりするんだと納得してもらえればいいのです。

男らしさ女らしさと〝性別違和〟

ただ、もう一つだけ触れておきたいことがあります。お母さんやお父さんになるように体の準備が進んでいくとき、その時期や程度は一人ひとりによって違っているとお話ししました。その違いの中にはこんなこともあるんです。女の子として生まれ、体は「お母さん」になるように変化していっているのに、心は男の子としての思いが大きくなってしまう人や、その反対に、体は「お父さん」に向かって変化しているのに、心は女の子としての思いがふくらんでいってしまう人もいます。これは本人にしかわからない感覚だと思いますが、ある人は「自分とは全く違う動物の着ぐるみを着て生活しているようだ」と話しています。それはつまり、自分はのび太なのに周りからは、しずかちゃんだとして扱われ、しずかちゃんらしくないと叱られ、しずかちゃんらしくしなさいと言われるようなものです。本当はのび太なのに……。性別違和と言いますが、心の性と体の性が一致しない場合があるのです。

ヒロミさんは女の子として生まれたのですが、小さいときから親に着せられるかわいらしいスカートが大嫌いでした。遊びと言えば、「戦隊もの」ごっこが大好きでやんちゃなことばかりしていました。それでも小学校までは私服だったのでよかったのですが、中学に入学するとき「女の子はセーラー服」と言われ、採寸をするのがとてもイヤだったそうです。周りの子が喜んでセーラー服を着ているのを見てショックを受けたと言います。入学した後も、男子・女子どちらのグループに入るべきか悩んでいました。男子のグループに入りたい気持ちがあってもそうはいかない。トイレや体育のときの更衣室はとても辛い時間でした。大学に入って「性別違和」という言葉に出会って、初めて自分の苦しみが理解できて心が楽になったそうです。そうして今は、心の性を大切にして自分の人生を歩いています。感じ方も好みも一人ひとりみんな違う、違っていていいんです。中学生時代の感じ方でいいとか悪いとか自分はこうだなどと決めつけることはないということです。

自分の頭で考えて自分の意志に基づいて行動し始める中学生時代は、大人社会という大海に向けて船をこぎ出すときと言えます。それは一人の人間(人格)としての成長と向き合う船旅であるとともに、第二次性徴という、自らの性と向き合う船旅でもあります。

「男の子は強くたくましく」「女の子は優しくかわいらしく」と言われ、「男らしくしろ」とか「女らしくない」という言葉に振り回されることもあります。でも、本当は男らしく、女らしくというより、「自分らしく」なのですが。こんな「らしく」という言葉に様々な思いを持ちながらも、とにかく世界中にたった一人しかいない自分を自分らしくつくりあげていく。中学生はみんなその旅仲間です。こんどはそんな旅仲間＝友だちについて考えてみましょう。

✦大切な存在＝友だち

中学生になるちょっと前ぐらいから、親や大人からあれこれ言われることが煩わしくなることがあります。そんなとき湧き起こるのが「大人はわかってくれない」という思いです。そんな大人の存在に代わって大事になるのが友だちです。自分の思いを聞いてくれる人、わかってくれる人、親には絶対言えない内緒のことでもこの人になら話せる。中学生時代には、そんな友だちの存在がとても大きくなります。しかも、小学校の頃のように、ただ一緒に遊ぶ気の合う友だちというだけでなく、自分の中の不安や悩み、そして喜びを一緒にわかり合い支え合うことのできる心のパートナーへとバージョンアップしてきます。でも、というよりだからと言った方がいいかもしれませんが、ときには頼りにしていた友だちが原因で落ち込むこともあります。ちょっとした行き違いや誤解が原因でケンカしたり、自分の期待していたことと違う態度をとられて裏切られたという気持ちになったり、という場合です。でも、そんなに気にしなくても大丈夫。ちょっとしたことがきっかけでまたわかり合えるということもあるからです。もし中学生の間に関係が戻らなかったとしても、それはそれでOKだと思いましょう。友だちはその子一人ではありませんし、部活やクラスが変わったことをきっかけに、別の新しい人と出会って友だちがさらに増えることもあります。そして、十年二十年の時を経て大人になってから出会ったとき、「あのときのこと」を笑って話せている「元中学生」も世の中にはたくさんいます。

多くの場合、中学校には複数の小学校から友だちが集まってきます。入学のときに、新しい人たちと出会い、「友だちできるかなぁ」って不安になった人も多いでしょう。そう、これは結構心配になることです。でも大丈夫。あなたが生徒会活動、文化祭や体育祭、部活動などいろんな活動に「やりたい」って参加していけば、それぞれの活動の中で必ず新しい人たちと出会うでしょう。そうすれば、その中から新しい友だちもでき、友だちの輪をさらに広げることができます。もし、すぐにできなくても大丈夫、あせることはありません。あなたと心がつながる人は必ずいます。他の人と比べて早いとか遅いとか、そんなことで焦ったりしないことです。

中学一年生のカスミさんは友だちの大切さをこんなふうに話してくれました。

●私の友だちは、よく「話を聞いて」と私のところへ来ます。その内容は「○○に悪口を言われて悲しい」ということが多いです。でも、そんなことを言われても「気にしない方がい

い」としか言えませんでした。でも、よく考えると、自分も言われてすごく悲しくて、よく友だちに相談してました。そのことを考えると、「気にしない」なんてことはできなくて、話すことで楽になっているんだ、と気づきました。だから私はいつも、「言いたいことは全部言って、自分の中にためないで」と言っています。今、いじめに苦しんでいる子たちは、その言葉を、話を聞いてくれる人を待っているのではないでしょうか。もし、周りにそんな人がいたら、話を聞いてあげられる人になりたいと思いました。

中学校では、時間的にも精神的にも友だちの占める割合が大きくなってきます。実際は友だちと一緒にいると気をつかって疲れてしまったり、グループの中でランクができてイジられたり、したくないこともしなければならなかったりと、友だちが苦痛になったりすることもあります。本当は一人でいることが好きなんだけど、そうすると「フツーじゃない」と特別な目で見られたりするので、仕方なくみんなと一緒にいるなんていう人もいます。

居心地のいい仲間を見つけるのもなかなか大変です。友だちが楽しそうにしているとき、その輪の中に入れないでいる自分が情けなく思えたりすることもあります。特に、この仲間から離れたら自分の居場所がなくなってしまうと考えると辛くなるし、このままでいたら学校が楽しくなくなってしまうし、となったら本当にイヤになるだろうと思います。友だちがいることで自分が安心できたり幸せな気分になれたりするはずなのに、反対に友だちがいることで自分を偽ったり不安になったりして不幸になるのは辛いことですね。そんなときは、ちょっとグループから心を離して周りを見まわしてみましょう。あなたを受け入れてくれる人がきっといるはずです。クラスの中にいなければ他のクラスにいるかもしれませんよ。部活の中はどうですか。塾の教室は？　転校していった子は？　学校の中に限らず、いろいろな知り合いを思い浮かべてみましょう。もしかしたら、友だちになりたいと思いながら、あなたがそのグループから離れるのをずっと待っているという人がいるかもしれません。それから、和太鼓保存会のような地域の会や中学生のボランティア活動グループに参加するなど、学校とは違ったところで行われているグループに入ってみるのもいいでしょう。

大切なことは、自分を苦しめるような友だち関係は何かがおかしいと気づくこと、そして気づいたならいったんその人間関係から離れてみることです。今の関係を整理するというのはとても勇気とエネルギーがいることで、そういう場面と決断は大人になっても何度か経験しますが、慣れることはありません。また、そのときは、他の人間関係なんて考えられないと思えているでしょう。でも、まず一歩踏み出してみることが大切です。そうすれば必ず新しい世界が拓けるし、そのことで新しい友だちや仲間との出会いが生まれることだってきっとあるからです。そのときは新しい友だちができるだけでなく、一つ成長した自分にも出会うことができるに違いありません。

1章

中学校の生活

✦中学校の先生とのつきあい方

さて、いよいよ中学生。小学校の生活とは多くの違いがあります。まず小学校では、ほとんどの授業を担任の先生が担当し、担任以外の先生を専科の先生と呼んでいたと思います。ところが中学校では全員の先生が「専科」です。担任や副担任の先生は決められていますが、その先生が担当する教科の授業時数が少なかったり、さらに少人数授業などでクラスが分かれたりすると、授業で出会うことはほとんどない場合もあります。体育の授業は男女別で行う学校もあります。そうなると担任の先生が男子の授業を受けもつと女子は担任以外の先生になります。

一年生の最初は、「何でも先生に……」という「小学生モード」を残している人がかなりいます。私も最初の頃、クラスの生徒から「先生、明日の音楽は何やるの？」とよく聞かれました。理科担当の私は音楽の授業のことはわかりません。ですから「音楽のことは音楽の先生に聞いてね」と答えていました。教科係を決めて、係の人が担当の先生と連絡をとる。これが中学校の常識です。中学校では「何でも担任の先生に」というのではなく、状況を見ながらいろんな先生と関わりやつながりをつくるのです。先生の方も自分のクラスの生徒だけでなく、多くの生徒とつながりを持ちます。担任の先生、授業で会う先生、部活動の先生、生徒会や委員会活動で会う先生……、その中には「自分にあわないな」って思える先生もいるかもしれませんが、逆に「この先生は好き」「この先生になら何でも話せそう」っていう先生もきっといるはずです。ですから、遠慮しないで自分からいろんな先生に話しかけて知り合いの先生を増やしていくといいと思います。保健室の先生はいつも全校生徒の健康と安全を考え関わりを持っています。もちろん担任の先生と何でも相談できるようになれば一番いいけれど、担任以外の先生を自分の「心の担任の先生」と決めてあれこれ相談している中学生もいますよ。あなたの通う中学校にもきっとあなたの「心の担任の先生」が待っているはずです。まだ心の担任の先生が見つけられていない人は、とにかくいろんな先生に話しかけてみてください。

もう一つ、授業と授業の間の休み時間も違います。小学校のとき、先生はいつも教室にいてくれたかもしれませんが、中学校では多くの場合、次の授業の準備のために職員室に戻ってしまいます。生徒のあなたも、授業の間にもうけられた一〇分間の休み時間は遊ぶ時間というより次の授業のために道具を用意したり、理科室や音楽室といった教科教室に移動をする時間として使います。「じゃあ遊ぶ時間がないのか?」ですって。心配することはありません。そう聞くと「昼休みがあるよ」ってきっと言われると思います。でも慣れてくれば、一〇分の休み時間でもさっさと先にやるべきことをやっちゃって、ちょっとだけ息抜きできるようになれます。だからどうぞ安心してください。

中学生の生活

中学生の毎日はいろいろな活動があって結構忙しいです。一つ一つ見ていくことにしましょう。

登校

中学校はたいていの場合、小学校時代よりも通学区域が広がります。いくつかの小学校が合流して中学校の学区が決まっているからです(学区フリーの地域もあります)。ですから住む場所によっては、学校が遠くなって、朝早く家を出ないと遅刻してしまいます。授業によっては、教科書やノートの他にも資料集や辞書が必要になったり、ときには宿題や提出物があったりもします。それから部活で使う道具を持っていかなくてはならないこともありますので、持ち物チェックは小学校のとき以上に必要になります。朝は忙しくて忘れ物をする恐れがあるので前の晩にしておくことをおすすめします。授業変更があるといつもの時間割と違う準備になりますし、教科によっては特別な持ち物が必要になる場合もあります。忘れ物をするとその日の授業は何もできなくなってしまうことだってありますす。気をつけましょうね。連絡事項は前の授業のときや、帰りの会などのときにしっかりメモしておいて、それを見ながら、寝る前に準備すること。これが大切です。習慣にしたいですね。

登校するとき一緒に行く友だちとのおしゃべりの時間、これも楽しい時間です。でもなかなかそろわず、みんなが来るのを待っていたら遅刻してしまう。そんなときどうするかは普段から話し合って決めておきましょう。何時までに来なかったら先に行くとかって。そうして学校に着いたら、担任の先生に「待っていたけど来なかったので先に来ました。どうしたのか心配です」と話すといいと思います。それと一緒に登校するグループがいつも時間にルーズで、そのために「遅刻してばかり」というときは、そのグループとは別に自分にあった時間を決めて登校する勇気を持ちましょう。仲のいい友だちだからいつも一緒に登校しなくちゃという人もいますが、それと反対に登校のときにいつも一緒になるから仲のいい友だちになったということもあるのですから。とにかく一日の始まりです。学校に着いたら「おはよう!」って言って教室に入れるといいですね。

「今日はどんなことに出会えるかな」と考えながら教室のドアが開けられたら素敵です。

✎朝練（朝練習）

部活の練習だけでなく、合唱コンクールの歌練習、体育祭のクラス練習など、始業時刻よりも早く登校して自主的なものも含め練習が行われることがあります。朝練に間に合うようにするために、自分はもちろん親も早く起きなくてはなりません。朝練に遅れたからといって学校の遅刻にはなりませんが、みんなで決めて一つのことに取り組んでいる時間というのは特別な絆を生んだりするものです。

行事や部活ばかりでなく、クラス有志で試験前の「朝勉」に取り組んだこともあります。生徒同士が先生役になって自分の得意な教科を教えるんです。先生よりわかりやすいと評判でした。テスト前や高校入試の受験前には、得意な教科を互いに教え合います。教わる方は、先生とは違った教え方をしてくれるし、遠慮せずに質問できるメリットがあるし、教える方にとっても、素朴な疑問をぶつけられることで自分の気づかなかったことに気づくので、さらに理解が深まるという利点があります。

✎朝の会

朝学活とも言います。担任の先生との出会いです。今日一日の予定が連絡されたり、提出物が集められたりします。インフルエンザの時期には、保健委員によって「風邪引き調査」が行われるなど、委員会の連絡や点検の時間にも使われます。生徒が司会進行をすることもあります。この朝の出会いの中で、担任の先生はクラスのみんなの表情を見て、「おっ何かいいことがあったのかな」とか「元気がないな。体調が悪いのかな」など、一人ひとりの心や体のチェックをします。場合によっては会が終わったあと呼んで話をすることもあります。この会が終わると、生徒は担任の先生とは別行動になるので、とても大切な時間です。先生に話したいことがあっても、わざわざ職員室に行くのはハードルが高いというときには、この時間を使いましょう。風邪を引いていて具合が悪いとか、こんな理由で来週休みますなど、生徒の側から先生に伝えたいことがあれば、ほんの一言でもいいので、このときに伝えましょう。「あとで話を聞いてください」など直接声をかけてくる人もいれば、メモ的な手紙を書いて渡してくれた人もいました。クラスの他の人の目が気になるときは、家の人からの手紙という感じで渡すこともできるのでこれはいい方法だと思います。

授業

授業は、中学生の一日の生活の中で、最も長い時間を占める重要な活動です。朝八時に登校して、下校が四時と考えても学校にいる時間の半分以上が授業。ですから、この授業が楽しくないと学校生活は苦痛になってしまいます。一回分の授業時間は、小学校より長い五〇分授業が基本になります。そして教科ごとに先生が変わります。先生によって授業の進め方や気をつけなければならないことが少しずつ違ったりするので、注意が必要です。教科ごとに教室が変わることもあります。そのときは前の授業が終わったら、次の授業に必要な道具を持って休み時間のうちに決められた教室に移動し、決められた席で先生を待ちます。最初はペースをつかむのが大変かもしれませんが、次第に慣れていきます。

休み時間

一つの授業が終わってから次の授業までの間の時間です。残念ながら、小学校のときの「二〇分休み」のような遊びに使う時間ではありません。前の授業の片付けや教室移動など次の授業の準備のために使います。前半の五分はとりあえず一息ついて、後半は次の授業に向けて気持ちを切り替えましょう。教科係の生徒は次の授業の先生のところにいって、授業準備のお手伝いをします。また、明日の授業の持ち物などを聞いてクラスの連絡黒板に書きます。具合の悪い人は、保健室の先生に相談するのもこの時間。それと、トイレはこの時間を使って済ませておきましょうね。

給食・弁当

食べ方は、班ごとに食べる、一人ひとり自由など、学校ごとにルールがあります。本当はゆっくり時間をかけて食べる方がいいのですが、そうすると昼休みに遊ぶ時間が短くなってしまうので、みんなササっと食べるようになります。お弁当を持っていく学校では、一年生の最初の頃は、遊ぶ時間確保のために、親に「お弁当の量を少なくして」と頼んでいる人もいます。でも、身体の基礎がつくられる中学生時代の食事、とくに昼食にはとても大きな意味があります。身体を強く大きくするのはタンパク質等々。考えたり覚えたりする脳の働きや、体育やスポーツなどの運動のためのエネルギー源は炭水化物。当たり前のことですが、私たち人間（動物）の身体はすべて食べたものでつくられ、活動のためには食べることが必要です。悪いものを食べればそれが身体の一部となり、必要なものを食べなければそれが欠けた身体になります。ですからバランスよく食べるということがとても大切です。学校給食は栄養士さんや調理員さんという専門家によってよく考えつくられています。給食がない場合はおうちの人がそれを考えてくれます。今食べているものが私の身体の一部になりパワーになる、ときにはそんなことも考えてみてください。

昼休み

二〇～三〇分程度の休み時間で校庭や体育館で遊んだり、教室でおしゃべりをしたり、図書室で読書をしたりして自由に過ごします。昼休みとして使える時間や施設は学校によって決まっています。予鈴が鳴ると遊びは終わり。次の授業の準備をします。生徒会の取り組みとして、みんなでルールを決めてボールの貸し出しをしている学校や、「昼練」として部活をしている学校もあります。必死で宿題をする人もいます。みんながにぎやかに遊んでいる中、一人で読書をしたりしている人もいます。教科係として先生に次の授業の持ち物を聞きに行く人、勉強のことで質問に行く人。この時間をどう使うかはその人その人によって違っていいのです。あなたはどんな昼休みにしますか。

帰りの会

一日のまとめの会です。授業や行事など明日の予定の確認をします。一日の反省をしたり生徒会や行事などでクラスの方針を決める話し合いをしたり使い方は様々。係の生徒が司会進行をしたりすることもあります。小学校で使った連絡帳の中学生版が配布される学校もありますが、ない場合は、自分で記録用の小さなノートをつくっておいてメモをとる習慣をつけておくといいですね。この時間を使っていろいろなプリントが配布されます。プリントを入れる専用のファイル(ケース)を一つ用意しておくと便利かもしれません。帰りの会で何をするかは担任の先生の考え次第ということがありますので、うちのクラスは帰りの会が長いとぼやく人もいます。でもそれはみんながなかなか席に着かなかったり、話を聞く態勢にならなかったりというところに原因があることも……。そうだとしたら、先生ばかりは責められませんね。あと、先生がうっかり連絡し忘れる、ということもあります。他のクラスの情報もつかんでおいて「先生、これどうなっていますか？」などと聞いてあげると感謝されるかもしれません。私はこれでずいぶん助けられてきました。でも、先生によっては怒っちゃう人もいるかもしれません。様子を見てやってみてください。

掃除

昼休みに行う、帰りの会の後に行う、全員でする、当番を決めてするなど学校によって様々です。でも一日の活動で散らかったゴミを捨てて、机を整頓しておくと翌日気持ちの良いスタートが切れます。自分のクラスだけでなく、廊下や特別教室など共通のスペースは全部のクラスで分担します。掃除が終わった後の教室が、部活動や委員会活動で使われることもあります。一生懸命きれいにした教室ですから、そんなときは汚さずに使って片付けもきちんとしてほしいですね。それと、この時間は先生と他愛もないおしゃべりをする時間でもあります。面と向かって話すとなんとなく緊張してしまうけれど、こんなふうに何かを一緒にやりながらだと、気楽にいろんなことが話せます。授業の中では見ることのできなかった、もう一つの「先生」の意外な面が発見できるかもしれません。

部活

「中学生時代を振り返って今の自分に大きな影響を与えている思い出は何？」と大学生に聞いてみました。すると、常に上位に挙がるのが部活です。それは、いい思い出ばかりではありません。辛い思い出として挙げる人も同じくらいいるのです。中学生にとって部活動はどちらにしても大きな意味のある活動と言えます。

中学校生活で、クラスの友だちや担任の先生は自分で選べないけれど、活動内容、顧問、どんな友だちがいるかなどを考えながら自分で選ぶことのできる体験的学習活動、それが部活動です。仲間とともに辛いことや苦しいことを乗り越えながら目標達成に向けて努力し達成感や充実感が得られるという、中学生にとって通常の授業では得られない体験ができます。活動日が少ない部活もあれば、土曜日や日曜日、休日など学校の授業がない日にも練習や試合、発表会などで活動がある部もあります。先輩・後輩の関係が自由な部もあれば上下関係が厳しい部もあります。他の部と兼ねることができる部もあれば、できない部もあります。年度途中での退部転部が自由な学校もあれば、できにくい学校もあります。中学校生活で、部活特有のメリットは「自分で選んで決められる」ということです。それぞれの部活の特徴をよく調べて、考えて自分にあった部を選んで入部を決めてください。

顧問の先生の方針にもよりますが、私は「勝つことは〝目標〟ではあるが〝目的〟ではない」ということを大切にしてきました。その〝目的〟とは、仲間とともにする活動を通して、技術を身につける、人間関係を学び、つくる・広げることであると考えています。だから大事なのは、「自分の中学校生活を有意義に、より豊かにするためにその部活動に入っている んだ」という点です。それを忘れてはなりません。しかも決めたのは誰かに言われたからではなく自分が選んで決めたのです。辛く苦しいことがあったとしてもその向こうに〝希望〟があるのならがんばればいい、でも様々な理由でその部活動が自分の苦しみの原因であったり、部活動を続けることは今の自分にとってプラスにならないというのであればしない方がいい、やめた方がいいのです。部活動には所属しなくてもいいし、もしどこかの部に所属しなければならないという決まりがあるのであれば、できるだけ自分に負担の少ない部を選んで入り直すようにしましょう。部活動は、やりたいという生徒がいて活動させてあげたい、教えたいという先生の両方がいたときに成り立つ活動です。だから、少なくとも生徒にとっては、自由意志で決められるというところに他の活動と違った意義があります。部活動が原因で、せっかくの学校生活が苦しいものになるなんてあってはならないことです。自分を高めるために参加を決断することは大切ですが、ためにならないと思ったらやめるという勇気も必要です。

自分の意志で入ったのだから「これ以上はムリ」という見極めをして、自分で考え部をやめる。これは決して無責任なことではありません。自分で決めて行動するというのはとても大変なこと。きっとこれからの人生に活きる学びの財産となるはずです。

生徒会

小学校にも児童会っていう組織があったでしょう。その中学校バージョンが生徒会です。でも、中身はぜんぜん違います。中学校の生徒全員が生徒会会員です。生徒会長、副会長といった役員(学校代表)をみんなの選挙で選びます。選挙の方法などは、国や自治体の選挙が「公職選挙法」という法律に基づいて行われるように、生徒会の選挙もそれぞれの規約や選挙規定に基づいて行われます。国や自治体は「議員」という選挙で選ばれた代表が約束事を決めますが、生徒会の場合、ほとんどの学校では全員が参加する生徒総会で活動内容や約束事が決められます。役員は、生徒総会に方針を提案し、総会で承認されたことを具体的に実行していく役割を持ちます。美化委員、図書委員など学級から選ばれた委員が集まって委員会をつくり、学校をきれいにする、図書の貸し出しをするなどの活動を行います。学級会での話し合いをもとにして、学級代表によって構成される委員会、委員会代表によって構成される中央(代表)委員会へと全校生徒の意見がまとめられ、生徒一人ひとりの考えが生徒会活動に反映される仕組みになっています。ですから生徒会は先生に言われたことだけをするのでなく、「学校をこうしたい」という生徒の意見をまとめて学校や全校生徒、場合によったら大人や社会に対してはたらきかけをして願いを実現するために活動します。私のいた学校では、序章で紹介したように、生徒会の取り組みによって、夏服としてポロシャツの着用が認められたり、昼休みに体育館で遊ぶことができるようになったり、休み時間に水道の水だけでなく自分で持ってきた飲み物を飲むことができるようになったりしました。また、「こんな体育祭にしたい」という案も生徒会から出されました。さらに決められた通学服だけじゃなく自由に服を選べるようにしたい、ペットボトルの飲料を認めてほしいなどの思いもきちんと声にして出しています。もちろんその結果生じる問題については、先生に解決してもらうのでなく生徒会が自分たちの問題として考え取り組むのです。生徒が学び生活する学校、その中で変えなくてはいけない不便なことやよくするためのアイデアは生徒自身が一番よく知っているはず。それを声にして、学び生活しやすい学校にしていく役割を持っているのが生徒会という組織です。

✎行事(実行)委員会

文化祭、体育祭、合唱コンクールなどの行事の成功のために活動します。学校全体の仕事と、自分のクラスをまとめる仕事の二つの役割があります。例えば、合唱コンクール実行委員はクラスの練習の計画を立てたり練習をリードしたりする仕事と、プログラムづくりや司会など合唱コンクール当日の運営にあたったりする仕事の両方をします。一つの行事を成功させるのは生徒みんなの力ですし、感動を味わうのも生徒みんなですが、その中心となって働いたことで得られる「やりきった」という思いは、実行委員をしたことでしか得られない格別なものです。一年生のときに実行委員をして感じたこの感動が忘れられず、三年間同じ行事の実行委員に立候補し続けた人もいます。

✎学級の係

各教科の係、号令係、掲示係、配布物係、黒板係など、必要に応じてクラスごとに決めます。私のクラスでは生徒からの意見で「照明戸締まり係」を新たにつくったことがあります。教室移動があるとき、電気を消し、戸締まりをチェックしてから最後に教室を出る係です。この係のおかげで私のクラスは電気のつけっぱなしなどで注意を受けることはありませんでした。学級の係は必ず選ばなくてはいけない最低限のものはありますが、増やしてはいけないということはありません。みんなが生活しやすいクラスにするために、こんな係があったらいいなというアイデアを出して、みんなで協力し合っていけたらいいですね。

生徒会の役員や委員、そして行事の実行委員も、学級の係も、それをやることであなたのプラスになることがたくさんあります。でももう一つ、あなたがその仕事をしてくれているおかげで他のみんなが助かっている、そうすることで学校や学級という社会がうまく動いているんだということも忘れてはいけません。あなたがその仕事をしなければ他のみんなが困ります。もちろん先生もそうです。あなたという存在がクラスや学校の中で必要とされ、あなたがいてくれて助かる、それはこの社会の仕組みと同じです。みんなで仕事を分担し、支え合うことによって成り立ち動いているのです。

下校

多くの学校では一般下校時刻と最終下校時刻の二つが決まっています。一般下校時刻は放課後の活動がない人の下校時刻、最終下校時刻は部活や委員会などがあってもこれ以上遅くまでいてはいけないという時刻です。一般下校時刻よりも遅くまで残るときは、残留届けを出すことになっている学校もあります。日直の先生が巡回してきたとき、これを見せると、「がんばっているな。戸締まりをちゃんとして帰るんだよ」と優しく声をかけてもらえますが、そうでないと「もう下校時刻が過ぎているぞ。早く帰りなさい」と言われてしまうことがあります。先生が知らない状態で遅くまで学校に残っていて、おうちから「まだ帰ってこないのだけれども」と心配する問い合わせ電話が入って大騒ぎになったこともあります。気をつけましょうね。登校のとき、友だちと一緒に、というお話をしましたが下校のときも同じです。ただ、放課後の活動は一人ひとり違っているため、朝のメンバーとは必ずしも一緒になりません。上級生になると、好きな異性の友だちと帰る姿を見かけることもあります。「さようなら」って声をかけると二人そろって恥ずかしそうにニコッと笑ってくれます。方向が同じなのかな?

定期テスト

たぶん小学校では、一つの学習が終わるごとに確認のテストをしてきたと思います。中学校では全校一斉にテストをします。学期の中間に行うテストを中間テスト(中間考査)、学期末に行うテストを期末テスト(期末考査)と呼んでいます。夏休みや冬休み明けの(復習)テストがある学校もあります。日常の学習活動(授業への取り組み、提出物など)に加えて、このテストの結果がもとになって通知表の成績になっていきます。そして、この成績は高校入試などの合否資料(内申点)としても使われます。ですから中学生にとってテストの出来不出来はとても気になるところです。でも、テストをする最も重要な目的は、授業でやったことがどれくらい自分のものになっているかを知ることです。これによって生徒は、自分がやり残したことを知り、先生は自分の教え方を振り返ります。「先生、今度のテストがんばるからね」という嬉しい言葉を聞くことが何度もありました。でも、その場合の「がんばる」ときというのは、いったいいつなんでしょう。

テスト本番でのがんばりポイントは三つです。落ち着いて問題をよく読むこと、できる問題からやるなどして時間をうまく使うこと、うっかりミスをしないように見直すことです。でも、本当のがんばりはテストに向かう前の学習にあります。それは、まず普段の授業での取り組みと家庭での勉強、そして試験一週間前などの試験勉強です。勉強方法などについてはあとで詳しくお話ししますが、この試験勉強はテストでいい点を取るためだけではなく、節目節目の学習のまとめをすることと自分の理解が不十分なことを明らかにして解決しておくという二つの意味があります。ですから、「どうせ」などと言ってあきらめず、テスト勉強にはちゃんと挑戦しましょう。「テストの点は目標にはするけれど、目的にはしない」、部活とちょっと似てますね。

校則

ある中学校での生徒と先生の会話。

先生「こら！　その赤いシャツは学校に着てきちゃだめだ」

生徒「どうしてですか？」

先生「校則でシャツの色は白と決まっているからだ」

生徒「どうして白って決まってるんですか？」

先生「白は中学生らしい色だからだ」

生徒「どうして白が中学生らしくて、赤は中学生らしくないんですか？」

先生「校則でそう決まっているからだ」

生徒「えーっ!?」

校則は、「生活の決まり」とか「生徒心得」という名前で生徒手帳に載っていることもあります。また、生徒手帳とは別に細かな決まりごとが書かれたプリントがある学校もあります。学校はたくさんの人が集まって集団生活をするところですから、それぞれが勝手に行動していると大混乱になってしまいます。そこで、「生活の決まり」が必要になるというわけです。でも、改めて一つ一つの校則について考えてみるといくつもの疑問がわいてきます。

決まりはほとんどなくて、「自分でよく考えて」とだけ書かれている学校があるかと思えば、服装から持ち物、職員室の入り方まで細かく校則で決められている学校もあります。中には外泊してはいけないとか、親と一緒じゃないとコンサートに行ってはいけないなど、学校外の生活まで学校が細かく決めているところもあります。あなたの学校の「校則」はどうなっていますか。学校外の生活のことはとりあえず抜きにして、学校内の生活の決まりにしぼって考えてみましょう。決まりの内容は大きく分けると次の五つに分類できます。

①服装や身なりに関する決まり(登下校の服装など)
②持ち物に関する決まり(持ち物には記名するなど)
③生活時間に関する決まり(始業終業時刻など)
④校内生活・施設使用に関する決まり(屋上に出てはいけないなど)
⑤手続き・届け出に関する決まり(欠席・早退の連絡など)

ちょっとチェックしてみましょう。

まず、学校の始まりが何時で終了が何時、一時間目は何時から何時までといったことや、この部屋は誰がどんな用事で使うかといったこと。これはきちんと決めておかないと混乱が起きてしまいますね。でも、実際にはもっとたくさんの細かな「決まり」がある学校もあります。服装の決まりがある学校の場合は、靴下の色や長さに始まり、スカートの長さ、セーターの種類や色などかなり細かいことが書かれていたりすることがあります。そうした決まりの中には、どうしてこんなことが決められているんだろうと不思議に思うものもあります。

そこで、学校の決まりについて三つの「？」を考えてみましょう。

一つめ。まず、最初に書いた先生と生徒の会話。中学生らしい服装について話していて、シャツの色は白と決まっているとき、生徒から「どうして白が中学生らしくて、赤は中学生らしくないんですか」と聞かれても困ってしまいます。中学生らしいっていったい何なんでしょうね。たぶん答えられる人はいないと思います。あなたの学校ではどうなっていますか。

二つめ。「不要物」という言葉の意味。不要物は持ってこないという決まりがあって、マンガの本を持ってきちゃいけないとされている学校があります。図書室にはマンガ本が置いてあるのに持ってくるのはダメってどういうこと。小説はいいけどゲームの攻略本はダメってどういうこと。トランプは不要物っていうけれど、休み時間に友だちと遊ぶときには必要な物。不要物じゃないのに……。学校って授業だけじゃなく友だちがいて、みんなといろんなことをして遊ぶところじゃないのかな。

三つめ。一つめや二つめのように納得がいかなかったり、「この決まりは良くない」「不便だ」「変えた方がいい」って思ったときどうしたらいいのでしょうか。①学校で決まっていることだから仕方がない。ガマンして従う。②バレないようにうまく決まりを破る。①をしている子は決まりを守る「イイ子」なのかもしれません。でも②をしてバレたら先生に叱られます。それは「ワルい子」でバレなければ「イイ子」なのでしょうか。それも変ですね。

実は①でも②でもない③の道があるのです。それは、おかしいと思ったら意見を言って不都合な決まりを変えるようにしていく道です。本当はそれこそが中学生の成長＝「鉄腕アトム」への道なのです。序章で紹介したヒオリさんの体験がそうですが、それは先生の協力がないとなかなかできません。でも、とりあえず、どうしてダメなのか、どうすれば変えられるのかと先生に聞いてみてはどうでしょう。その上で、先生の考えについて友だちと話してみたり、他の先生の意見を聞いてみたりするのです。生徒会の問題として投げかけてみてもいいでしょう。いろいろなやり方がありますが、「どうして？」という疑問は、自分を賢く成長させるためのタネです。つぶしたりしないで大切に育ててください。今は芽が出なくてもいつか芽が出て花が咲くはずですから。

✎制服・標準服

公立中学校の場合、本当は制服ではなく標準服と言います。公立中学校の中にも標準服の決められた学校と決められていない自由服の学校と、標準服は決まっているけれども着ても着なくてもいいとなっている学校もあります。自由服だった小学校から中学校に入って、「制服」を着たとき、ちょっと大人になったような気分になって嬉しかったという人と、服装が決められることに苦痛を感じている人もいます。序章でお話ししたように体の性と心の性が一致しない人の中には、女子はスカート、男子はズボンと一律に決められることが苦しくて仕方ないという人もいます。そんなときは学校に事情を話して決められた標準服と違う服で通うようにすることができるはずです。体の性と心の性が一致しない性別違和だけでなく、ズボンが好きっていう人もいますから、身近なところにそういう人がいたとしても決めつけてはいけません。「この人はこの服装が自分らしくいられる姿なんだな」ぐらいにゆったりと見てほしいと思います。でも、中学生らしい服装とか男の子らしい服装、女の子らしい服装っていったい誰が決めたんでしょうね。でも、中には標準服が決まっているおかげで、毎朝通学服選びに悩まなくてすむから助かると思っている人もいます。

通知表

学期末にもらう通知表とそこに示されている成績、結構緊張しますね。小学校のときはあまり落ちこむことはなかったけれど、中学になると数字で示されるのでもらった通知表を見てびっくりする人もいるみたいです。この現実を見て塾通いを始める人もいるくらいですから。でも、本当は通知表をもらったときに喜ぶことはあっても、ガッカリすることはないはずです。なぜならば、学校ってもともと学ぶことによって、知らなかったことを知り、できなかったことができるようになるところでしょう。成績＝通知表っていうのは、本当はそうやって自分が学んだことによって、どんな知識を得てどんなことがどれだけできるようになったのか、そしてやり残したことは何なのかを明らかにするものだからです。だから正式には成績ではなく学習評価と言うんです。本人にとっては新たにつけた力と残された課題が明らかにされるし、先生にとっては教え方を反省して次の教え方を考える参考にする。評価がそういう目的で使われるならば、通知表は「こんなにがんばったんだね。こんなことができるようになったんだね」って、成長を確かめ合う材料であり喜ぶことばかりになるはずなのです。ところが現実はそうなってはいません。喜ぶどころか、またダメだったとガッカリさせられる原因になってしまう、それはなぜでしょうか。それは、評価が高校入試など、次の進路に向かうときの資料に使われているからです。これは本来の目的とは違います。学期末、通知表に書かれた学習評価を見たとき、学年の友だちの中で上の方だとか下の方だとかで比べたり、「こんな点数じゃ○○にはいけない」と考えたりしがちです。そうではなく、自分がどれだけわかってきたか、どれだけできるようになってきたかという成長の歩みとして見るようにしたらどうでしょうか。出席日数や遅刻早退の数、それと担任の先生からの一言に込められた思いの中に成長の証が隠されていることもあります。通知表をもらったら、とにかくまずは今学期「これだけやった」と自分をほめてあげましょう。どんな小さな成長だっていいんです。他の誰も認めてくれなくたっていいじゃないですか。少なくとも、自分だけは自分のことをほめてあげてください。そして次に、できなかったこと、不十分だったことを受けとめて「次はこんなふうにやってみよう」と反省するようにするのです。特に二学期の通知表のときは、冬休みが年末にあたりますから、新年に向けて反省と希望を書いてみるといいと思います。「一年の計は元旦にあり」と言いますからね。先輩たちはこんな反省をしていましたよ。

★一年や二年の一学期はとにかく授業中しゃべっていて、テストもいい点を取れなかったけど二学期になってからは授業中しゃべらないようにしました。

★勉強では一年の頃よりしっかり取り組み、特に英語が苦手だったのに、がんばって苦手じゃなくしました。どの授業にも関心を持ち集中して取り組めました。

★来年は受験勉強で大変だと思う。だけど遊び心は忘れずうまくやっていきたい。

自分で書いた一言を先生からもらった通知表につけたしておくのもいいんじゃないでしょうか。もちろん、そのときには、たとえいい結果が出なかったとしても、自分でがんばったと思う点はいっぱいほめてあげることを忘れずに。

夏休み・冬休み活用術

夏休みや冬休みの最も大きな意義は「自分でチャイムを鳴らす」ということです。いつも何時になったら一時間目が始まって何時になったらお昼ご飯というのが決まっていて、その決まりどおりに生活しなければなりませんでした。でもこの休み期間中は学校を離れて、「みんな同じ」ではなく、それぞれの場で一人ひとりが自分風に一日をデザインして過ごします。誰かに言われたとおり決められたとおりではなく、自分にあった「チャイム」を自分でセットしてしっかりと鳴らして生活できるようになりましょう。とはいえ、実際は部活やプールなどでかなりの時間が埋まってしまうこともあります。でも、そんなときこそ計画が必要になります。休み中、予定が入っているのはいつで、いつは自分の自由に使えるのか、やらなくてはならないことは何で、やりたいことは何なのか。それを休み前にちゃんと明らかにしておくと時間が有効に使えます。普段はなかなかできない博物館の見学などを計画したり、歯の治療など時間のかかることを夏休みを使ってやってしまおうという人たちもいます。

✎先生への質問、先生とのおしゃべり

私が教室にいると、「先生、今ヒマ?」って聞きに来る人がよくいました。先生は忙しいって知っていて気を遣ってくれているんですね。確かに忙しいのは事実ですが、生徒から話しかけられるのは少しもイヤではありません。むしろ嬉しいと感じている先生は結構いるはずです。もちろん話しかけやすい先生とそうじゃない先生はいます。でも、思い切って話しかけてみたら意外といい先生だったたっていうこともあります。「先生、理科のこの問題がわからないんですけど」「先生、ちょっと聞いてほしいことがあるんですけど」等々。授業の終わりに教室で、休み時間に廊下で、放課後職員室に行って、先生に声をかけてみてください。その場ですぐ対応できないときには、「じゃあ、いついつどこどこでね」って約束することもできます。先生って自分が教えた勉強のことで質問を受けると、結構嬉しく感じるものなんです。一度やってみることをおすすめします。もし、先生が何かの用で急いでいる場合は、断られちゃうことがあるかもしれません。でも、そんなときは先生の事情もわかって

あげたうえで、都合を聞いてみましょう。

✎自分の疑問、授業中の質問は他の人も救われる

授業以外の時間に質問するのもいいことがいっぱいありますが、授業中に聞くのも大切なことです。みんなの理解を助ける役割をすることになるからです。自分の質問がみんなを助けるってどういうことでしょう。こんなお話があります。

「〜というわけで、これは○○だ。わかったかな？」。数学の時間、説明を終えた先生はこうみんなに確認しました。わかったというようにうなずく人、わからないという表情をしながらも黙って下を向いている人、みんなの表情は様々です。こんなとき、「わかりません」って言うのには勇気が必要です。「こんなこともわからないのかよ」ってバカにされるんじゃないかと考えたり、自分の勝手で授業を遅らせてみんなに迷惑をかけるわけにはいかないと考えたりしてしまうからです。「先生が二人いてもう一人の先生が個人的に小さい声で聞いてくれたら言えるのになぁ」なんて考えたことがある人もいるんじゃないでしょうか。そのとき、ちょっと数学が苦手、でもまじめに授業や課題に取り組んでいるひょうきん者のトモヤ君が、「わかったか？」という先生の問いかけに対してすかさず言いました。ここからは、ちょっとリアルっぽく再現してみますね。

トモヤ「わからねぇ」

先生「どこがわからねぇんだ?」

トモヤ「全部わからねぇ」

先生「よしわかった。もういっぺん説明するからな」

……(説明)……

先生「どうだわかったか?」

トモヤ「今度はわかった。はじめからそう説明すりゃいいんだ」

この言葉でクラスにどっと笑いが起きました。実は「わからねぇ」って思っていた人はトモヤ君以外にもいたようです。

授業中、決しておしゃべりをしていたわけではないけれど、うっかり聞き逃しちゃうことってよくあります。そうすると、そのあとのことがわからなくなってしまうけど、「ま、いいか。あとで誰かに聞こう」ってスルーしてしまいがちです。もし、それが結構重要なことだったりすると、あとあとまで影響が出てしまいます。言い方は決していいとは言えませんが、トモヤ君の「わからねぇ」の一言で、みんなはもう一度説明を聞くことができ、さらに理解を深めることができました。トモヤ君の言葉づかいを責めたり、「ちゃんと聞いていないからだ」と言って態度を責めたりせずに、もういっぺんはじめから説明しなおした先生も立派でしたが、「わからねぇ」と言ったトモヤ君、そう言える雰囲気のクラスに拍手を送りたいですね。「わかりません」という一言はトモヤ君を救っただけでなく、もう一回説明してほしいなって思っていたクラスの他の友だちをも救ったことになります。誰かが示してくれた「間違い」のお蔭で他の人も間違いに気づいたり、誰かが気づいたアイデアでみんなの理解が深まったりする。これは先生と一対一でする勉強ではなかなか得られません。みんなで一緒にする勉強ならではの良さです。生徒同士の教えあいが、教わる人ばかりでなく教える人にとってもプラスになるのと同じで、授業中の「わかりません」という発言は、先生にとっても役立つことがあるものです。ただし先生によって、またはその発言のタイミングによってはこんなふうにならないこともあるので、状況を見ながらうまくやってみてください。

中学校の生活をおおざっぱに眺めてきましたが、いかがだったでしょうか。そんなにうまくいかないよ、うちの学校は全然違うっていう人もいるかもしれません。確かにそうだと思います。中学校と言っても、その生活はどこもみんな同じというわけではありませんし、一人だけでがんばってみてもなかなか思うようにはならないでしょう。その学校にはその学校の歴史があり、それは、その学校で生活する生徒と先生たちによってつくられ変わっていくものだからです。だから私のお話が今の自分の学校と違っていたとしても、そんなに気にしないでください。一〇〇%でなくてもいいんです。たとえ少しでも「それは言える」って思えることがあったら、その感じを大切にしてください。その「感じ」は中学校の素敵発見のタネになります。そのタネが育っていけば、あなたの素敵な中学生時代=人生の土台づくりに役立つはずです。

2章

中学生の勉強方法

少々理屈っぽい話が続きましたが、ここからは中学校の勉強と具体的に向き合っていくときのお話をします。

三章で詳しく話しますが、もともとはみんな勉強＝学ぶことが好きだったんです。途中から嫌いになっていったのは、勉強が「わからない」とつまらなくなる→つまらないから勉強しない→勉強しないとますますわからなくなる、という「わからない」をきっかけにした「悪魔のサイクル」に入ってしまっているから。そのサイクルに陥らないためには「わかる」ことが大事。わからなかったことが「わかる」と面白くなるというのは、言われなくてもわかっていますね。面白くなればもっと勉強したくなるし、勉強すればさらに面白くなって、「天使のサイクル」ができあがる、こんなふうにきっかけを変えて流れを逆にすればいい。

「そんなにうまくいかないよ～」「だいたい授業だけでわからないから困っているのに～」「もともとできるヤツや塾で先取りしている人ばかりじゃないし……」だって。確かにそうだね。授業を真面目に聞いていても、わからないから悩むし、わかりたいってみんな思っている。「わかる」をどう身につけるかは、この章の後半で触れるからそこをじっくり読んでみて。ヒントになることを書いてみたから。

なになに、そんなにしてまで勉強したくないって？　中学生だとテストや順位、果ては通知表が気になって、だから勉強するという人も多いかもしれません。でも、こう考えてみたらどうでしょう。勉強というのはたった一度の自分の人生を幸せにする栄養みたいなもの。どうせ栄養をとるならおいしい料理にして、楽しく食べようって。中学校の勉強メニューにある教科の中には、どれにもおいしい味が秘められています。まず、それぞれの「おいしい味」、各教科の魅力について話します。

学ぶことは楽しい！　各教科を味わおう

中学校の授業で学ぶことは、国語、社会、数学、理科、英語、音楽、美術、保健体育、技術家庭、道徳、総合的な学習の時間と、学級活動などの特別活動があります。そのほとんどは教科書があって授業が進められ、テストや提出物のチェックを経て学期末には成績がつきます。「教科書がマンガの本みたいに面白かったらもっと勉強したくなるのになぁ」って思っている人がいるかもしれません。たぶん、一年生の初めに、それぞれの教科の面白さやこの教科で何を学ぶのかといったことについて説明を受けたとは思います。でも、私なりにそれぞれの教科の面白さを話してみたいと思います。

国語の面白さ

私たち人間は言葉を使って考え、自分以外の人たちとコミュニケーションをとります。そして誰かとつながるとき、声を使った会話から文字を使った文章、詩、俳句までいろいろな伝え方があります。自分の感じたことや思っていることが言葉となって発信され、それが誰か別の人に伝わって相手の心を揺り動かしたり、お互いを理解し合ったりすることができる。素敵なことだと思いませんか。それは今この瞬間の、北海道と沖縄のように離れたところにいる人が思いを伝え合い共有するということだけでなく、時代を超えて思いを共有するということも意味します。例えば、次の短歌からそのことを考えてみましょう。

逢ひ見ての　のちの心に　くらぶれば　昔は物を　思はざりけり

小倉百人一首でなじみがある人も多いかもしれませんね。権中納言敦忠(ごんちゅうなごんあつただ)の作です。「あなたと逢ったあとの自分の心と比べると、昔はなにも思わなかったようなものだ」(『ちはやと覚える百人一首』あんの秀子著、講談社)が歌の意味です。誰かのことを好きでたまらなく思うという経験をしたことがある人ならばこの気持ちに共感できると思います。しかも今から千年以上も前の人も同じような気持ちを持って生きていて、そして現代を生きる私たちが知ることができる、そう考えるとスゴイですよね。さらに言えば時間を超えて「誰かが誰かに恋している」、その思いを共有できたことになります。

言葉は人間にだけ与えられた高度な能力です。これから、もっともっとたくさんの言葉や様々な表現の仕方を学んで、自分の思いを言葉にして表現し、他の人の思いを理解できたら、そうして人とつながっていけたら……。そう考えるだけでワクワクしてきませんか。私は、ワクワクしました。恋の成就も言葉にかかっている、そう考えると言葉や表現の力をつけることに真剣になれそうです。その力をつけるのが国語の学習です。

それから、この国の言葉の中で育った私たちは、ものを考えるときにも日本語で考えています。ある教科の勉強が行き詰まっている原因を探っていったら国語力に課題があったということもしばしばあることです。国語の力というのは、社会や数学、英語、理科などすべての教科の基礎になりますから。

社会科の面白さ

人間は社会的存在と言われます。誰もがたった一人だけで生きているのではなく、みんなで支え合って生きているからです。例えば私たちが口にしている食べ物は、日本ばかりでなく世界中から集まってきています。この食べ物はどこの国でつくられ、どうやって運ばれてきているのでしょうか。食べても安全なのでしょうか。それから、一〇〇円ショップや回転寿司はなぜ安いのでしょうか。また、同じ人類なのにどうして世界中の国は、それぞれ言葉や文化の違いができたのかなど、こう考えていくと疑問は次々にふくらんできます。様々な人が一緒になってつくられているこの人の世が、これまでどんなふうに発展してきたのか、そして今どのようにして成り立っているのか、そしてこれからどんなふうに発展していくのか。また私たち一人ひとりは、地球市民としてその中でどんな役割を担っていけばいいのか。それらを「歴史」「地理」「公民」の三つの分野から学んでいきます。

私たちは過去=歴史をつくり変えることはできませんが、過去から学んだことを今と未来に活かすことならできます。この社会の過去を学び、今を知ることは、よりよい未来社会へとつながる大切な歩みです。私自身、子どもの頃の記憶に残っている数年間の歴史(時間的な広がり)と、自分を中心にした半径一〇km以内の人間関係(空間的な広がり)ぐらいしか考えていなかった狭い世界から、人類の誕生や世界のいろいろな国や地域のできごとへと視野を広げることができたのは、社会科の勉強がきっかけでした。この社会の成り立ちを学び、自分自身がこの社会とこれからへとつながる歴史の主人公になるための学びの教科が社会科であるとも言えます。

数学の面白さ

自然界を知り、人間社会のことを知り、未来を構想する。そのときに必要となる考え方や考えるためのツール。それが数学です。みなさんもご存じのニュートンは、万有引力の法則を発見しました。法則をより多くの人に説明し、理解してもらうために「微分積分学(びぶんせきぶん)(高校生になったら学びます)」という数学の一分野を自らつくり出しました。小学校時代には大変だった計算も、中学校で学ぶ「方程式」という数学を使えば簡単にできるようになります。宇宙のことや生物学などの自然科学はもちろんのこと、経済学や統計学という社会科学の分野、音楽や美術などの芸術分野でも数学はいっぱい使われています。もちろん自動車をつくったり電気製品をつくったりする工業部門にも数学が使われています。そうそう、コンピュータの機械や機械を動かすプログラム、トランプなどのゲームのアイデアもゲーム理論と言って数学の一分野になっています。1〜10までの数を足し算していくといくつになるかという計算をするとき正直に足していくと大変。そこで簡単にできる方法を考えます。1＋10、2＋9、3＋8……10＋1というように並び方を反対にして足すかたまりをつくっていくと答えは全部同じで11。それが10個できるので、11を10倍すれば求める数の2個分になるので答えを2で割ればいい。そうすると1から100まで足すのも1000まで足すのも同じ理屈で、最初と最後を足して最後の数をかけて2で割れば簡単にできる……。こんなことを発見するのも数学の面白さです。数の不思議って他にもいっぱいあるんですよ。解を求めて、多くの数学者がいまだ解けない問いの前に立っていたりもします。なんともロマンチックだと思いませんか。

理科の面白さ

天気の変化、火山の噴火や地震などの災害、健康維持や医学など人の身体に関わること、宇宙の成り立ちやエネルギー・環境問題……。理科で学ぶことはたくさんあります。農業や園芸、風力や水力発電などのように様々な自然の仕組みを理解し、うまく働きかけていくと私たちの生活を便利にすることができます。反対に人間だけの都合を優先させてしまうと、自然つまり地球自体が壊れてしまいます。そうなると人間も生きていくことができなくなってしまいます。そう、私たち人間も地球や宇宙といった自然の一部なのです。人間だけが特別ではありません。ですから、私たちはまず自然を深く理解し、自然への配慮をしながら共存することを考えなければなりません。それはこの自然界で人間が生きていくためにはどうしても必要なことです。自然を深く理解することはまだまだほんの入り口。人間の身体のことも、地球の中身のこともわからないことだらけです。とにかく、自然って本当に不思議なことがいっぱいなのです。でもその「不思議」にはちゃんとワケがあって、科学の進歩によってその不思議が解明されるとまた、次の不思議が見えてくるんです。自然について学ぶのは本当に面白いですよ。中学校で学ぶ理科はその入り口と言えます。

英語の面白さ

「言葉にはその国の歴史や人々の文化がつまっています」、とよく言われます。いろいろな国の言葉を知っていれば、多くの国の人と話すことができます。想像するだけで楽しくなってきますね。小学校から習い始める英語は、今や世界共通のコミュニケーションツールとなっています。ある学校では、教科名が「英語」から「グローバルスタディーズ」と名称がかわったそうです。英語を使えるようになると世界の人とつながることができる、それを証明していますね。私が担任した生徒の中にも外国旅行に行くだけでなく、現地で仕事をしたり、生活をしたりしている人がたくさんいます。その活躍ぶりを見るたびに、感嘆します。同時に日本の常識と世界の常識を直接比べて、客観的な視点を持った彼らの人としての幅広さにも学ぶことが多いです。世界への扉をあけるカギが「英語」なんですね。こういうコミュニケーションツールの英語と親しみ、使えるようになっていくための基礎基本を中学校で学びます。

✎音楽の面白さ

嬉しいとき、悲しいとき、楽しいとき……私たちの時々の感情に歌や音楽は寄り添ってくれます。あるときは私たちの心をなごませ、またあるときは盛り上げ、別なときには静謐（穏やか）な気持ちにしてくれます。音楽は、言葉が違っても思いを共有できる人と人のコミュニケーションツールであり、同時に一人で楽しむこともできます。薬や手術によらずに病気を治す治療薬になることもあります。音楽は楽器を使って音を奏でることもあれば、ほとんどの人が持っている「声」という楽器を使って表現することもあります。私はみんなでつくる合唱も格別だと思っています。おうちの人が中学校で行われる合唱コンクールに行って、中学生の迫力ある歌声を聞いてみてびっくりしたという話をたくさん聞きました。男子が低い音が出せるようになる中学生時代は、合唱全体の音の幅が広がり、曲や詩への理解もできるようになって、歌の背景や心情からくる強弱の表現も的確になり、元気いっぱいに歌う小学校の頃とは一味違った感動をつくり出します。また仲間とともにつくる音は、格別の感情を歌う側にも聞く側にも与えてくれます。まさに音楽の醍醐味と言えます。ここから合唱にのめりこんだり、声以外の音を出す道具＝楽器を演奏したり、自分で曲をつくったりする子も出てきます。バンド活動を始める生徒もいます。いろいろな音楽の可能性の原点があると言っても過言ではないかもしれません。

美術の面白さ

音楽と並んで「芸術」とよばれる世界、それが美術です。色や形、それらを組み合わせたデザインという表現。私たちの生活の隅々まで影響を与えていると言っても過言ではないでしょう。例えばファッション。インスピレーションをアートから受ける人は、中学生の中にもいるでしょう。そしてその活かし方も多様です。ファッションだったり、生徒が自分でつくるお弁当だったり、また将来の仕事を意識して美術の教科書を開いている人もいるかもしれません。例えばプロの調理人、イラストレーター、インテリアデザイナーを目指している人などなど。私自身には絵心はありませんが、美術作品を観るのは好きです。なぜでしょう。芸術家たちの優れた作品は、言葉を超えて圧倒的な存在感で感動を伝えてくれるからでしょうか。その醍醐味を知る教科と言えます。教科書で知って大好きになった作品に会いに外国へ行ったという人もいます。

音楽の癒やし効果と同じように、美術にも癒やし効果があります。

音楽や美術といった芸術の素養は、この先どんな職業に就こうとも、いくつになろうとも毎日の生活に潤いを与えてくれます。それはたとえ誰にも理解されなくても自分だけの感じ方として楽しむことができます。それも芸術の世界の特徴だと思います。

保健の面白さ

保健体育は教科としてはセットになっていますが、ここではまず保健についてお話しします。病気になりたくない、いつまでも健康でありたいと願うのはみんなに共通の願いですね。健康維持についての正しい知識を持つとともに、自分の身体の特徴を知り、管理できるようにすることはとても大切なことです。保健の授業でふれられる内容は、特に第二次性徴といって、自分の心や体が大きく変化成長する中学生にとっては必要な知識です。第二次性徴については、中学生からこんなつぶやきが聞かれます。「自分の体の変化」については親にも、ましてや友だちにも聞きにくい。だからついインターネットを見てしまう。私はそんなとき、「それだったら教科書を見てごらん、きっとヒントがあるよ」と言いたいです。そして、保健の授業で学んだことで新たな疑問が生まれ、自分だけで解決できないときには、遠慮なく授業担当の先生、それから保健室の先生に聞いて解決していくといいと思います。

体育の面白さ

運動は身体だけでなく心も健やかにしてくれます。一緒に何かをする競技や種目は、お互いを理解するきっかけにもなります。確かに運動の苦手な人にとっては、苦痛の時間になることもあるでしょう。でも、うまくできるかどうかとか誰かと比べてどうかということでなく、自分なりに少しでもできるようになることを目指して努力すること、そのプロセスが大切なんだと考え方を変えてみてはどうでしょうか。器械体操が苦手、と言っていた生徒が、先生や友だちにアドバイスを受けながら練習を繰り返して、ついに「できた」と言った瞬間の輝いた顔といったら!!　感動のお裾分けをしてもらいました。まずは結果は気にせず、楽しんでやってみましょう。そこから得られるものもたくさんあります。さらには一生つきあうスポーツに出会えるかもしれません。中学校の保健体育はいろいろな運動と出会うチャンスでもあるし、心身のバランスをとっていく機会でもあると言えます。スポーツという言葉は、元をたどれば、気晴らしをする、遊ぶ、楽しむという言葉が語源なのですから。

技術科の面白さ

自然に実った野生のリンゴを食べた私たちの先祖は、やがて栽培方法を見つけて、よりおいしいリンゴを量産できるようになりました。他の食物についても同様です。

また、人類は山に埋もれている鉄鉱石を精錬して鉄をつくり、その鉄を使って鍬（くわ）や鋤（すき）などの農耕機具をつくって、その道具が農業をより発展させました。自然にあるものをそのまま利用するだけでなく、自然に働きかけて新しくものをつくり生活を豊かにしていく。これは生物の中でも人間にしかできないことであり、これらのことを通して人間は知恵を働かせ、積み重ね、社会を発展させてきました。授業では木材や金属を使って生活の道具をつくったり、家畜を飼育したり、農作物を生産したり、ものづくりの実践を体験します。さらにコンピュータやインターネットなどの情報処理の基礎も学びます。そうして理科や数学の授業で学んだことも活かしつつ、技術と社会の枠組みも習得していくのです。いろいろな科目がダイナミックにつながることを実感できる面白さがあります。

家庭科の面白さ

家庭科は衣食住や家族の生活について学びます。この科目は、あなたたち一人ひとりの自立と自律を支える科目ですから、ないがしろにはできません。

人間は食べていかなければ生きていけません。そのためにはつくる技術も必要です。えっなになに、「コンビニやスーパーで食材を買うから大丈夫」ですって。確かにそういう手もあります。大人の中にもそれで食事をすませている人も多いでしょう。でも栄養は大丈夫かな？　お金は足りるかな？　私たち人間に必要な栄養素は、それぞれ別々の食材・食品に入っています。食品の栄養に関して基礎的な知識を持っていると日々の食事の大切さも考えられます。部活などをやっていると、体を食べるものからつくる大事さも知るでしょう。食べることを大事にすると、工夫をしてみたくなります。すると料理が楽しくなります。最初は下手だし、おいしいものができないかもしれないけれど、まずはチャレンジです。

洗濯をするときに「水洗いは禁止」とか「乾燥機は使ってはいけません」というマークを知っていると大好きな服を傷めずにすみます。「親がやってくれるから大丈夫」なんて言ってるアナタ。普段は反発しているのに、面倒なことはすべて親がかりというのもカッコ悪くないですか。できることは自分で。そうしてこそ、意地もはれるというものです。

家庭科では、育児子育て等、家族とは何かを改めて見つめ直したりもします。さっき言ったこともそうですね。自立や自律のために、この科目をぜひ有効利用してください。

どうですか、中学校の「教科の面白さ」についてお話ししました。ボクの学校ではこんな授業やってない。私の学校の先生はもっと面白い授業をやっている等々、いろいろあるとは思います。でも、中学校の授業にはこんな魅力もあるんだよ、という例として頭のどこかに入れて教科を学び、問い直してもらえたらと思います。とにかく、中学校の教科学習って、どれも深くて大切で面白い(はずな)んですから。あと、つけ加えておきたいのがどの教科にもそれぞれ独自の魅力があふれているのと同時に、それぞれの教科が関連性を持っていて、ある教科の学びが他の教科の学びを刺激し深めていくということです。例えば、国語の科学読み物で森林の問題が扱われていたらそれは理科の学習と関連があるし、理科の水溶液の濃度の勉強は数学と関連があります。それから数学で学んだ図形の証明の進め方は、社会科のレポートなどで文章を書くときに役立ちます。教科の学習内容は一つ一つにバラバラな意味があるのでなく、みんなつながっていて、一つの教科の学びが他の教科の学びを助けたり深めたりするってこと、覚えておいてください。

それともう一つ、ここでお話ししたのは教科の魅力のうちのほんの一部に過ぎないということです。実際に「そうだ」と思うかどうか、どの程度「そうだ」と感じるかも人によって違います。別のところに魅力を感じることもありますし、どうしても興味が持てないし面白いと思えないという人がいても当然です。でも、もし魅力のどこか一部にでも触れることができればその教科に関心が持てて、次にその教科をちょっと好きになり、そうすれば得意にもなっていくという、いい流れができるということが言いたかったのです。

それから、たとえ好きになれない教科があるとしても、それは必ずしも自分の努力不足が原因だとは限りません。人には誰にでも好き嫌いや得意不得意があるものだし、そういう「魅力」に気づくような授業をしてくれなかった「先生」にだって全く原因がないとは言い切れません。ま、この場合はそう思っておくことにしちゃいましょう。かく言う私も、中学生の頃は、地理で地名を覚えたり歴史で何年に何があったということを暗記したりすることが苦手で、「社会科」が好きになれませんでした。さっきお話ししたような社会科の魅力に気づいたのは、一〇年以上経って、社会人となり、もう社会科の成績を気にしなくてよくなってからのことでした。「いつまでに」、「これだけのことを覚えなくちゃいけない」というプレッシャーがなくなったら、いろんな「面白い」に気づくようになったんです。

卒業生から、「自分は大学で理科系にはいきませんでしたが、先生の理科の授業でやった○○は面白かった。今でも覚えています」と言ってもらえたときは本当に嬉しかったです。中学生時代の授業のすべてがそのまま人生の何かに結びつくとは限りません。でも、自分という人間のどこかにしまい込まれた学びの記憶が、いつかどこかで、そして何かの刺激でよみがえってゆたかな気持ちにしてくれることもあります。だから、できるできないという結果だけを気にせず、そのときに出会う新しい世界や学びを楽しみましょう。

✦学んだことはどんなことでもすべて「自分」になる

勉強と成績のことでもう一つ考えてほしいのは、その教科の成績が良いか悪いかということは将来つく職業とは別だということです。例えば、スーパーヒットを生んだミュージシャンの中学時代の音楽の成績は最低評価だったとか、国語の成績は決して良くはなかったけれど彼女が書く詩は多くの人の心を打つといったことはよく聞かれる話です。これは、学校の成績とその分野の適性は必ずしも一致しないということを意味しています。確かにある程度の成績をとることは高校進学の際に要求されます。でも、その良し悪しであなたの人生の評価は決まらないのです。偏差値の高い学校にいった方が、選べる職業が多いかもしれないけれども、だからといって一生が決まるわけでも、幸せか幸せでないかも決まらないのです。

ですから、繰り返しになりますが言わせてください。完璧にできなくても全部わからなくてもオッケーです。だって一〇〇点とれなくても一〇点でも点があれば、新しくできるようになったことが確認できたんだからゼロよりは前進=成長でしょう。それにたとえ〇点でも、それはたまたま勉強したことがテストに出なかったために点数に結びつかなかっただけで、努力して自分のものになったものがあれば、その前の自分よりは新しく覚えたりできるようになったことがあるのだから成長です！　だから、決して放り出したりあきらめたりしないこと。疑問に思ったことを調べ、興味を持ったことをどんどんやってください。できないことやわからないことがあってもあきらめず焦らずに地道にやっていきましょう。その歩みはきっとあなたの人生の土台になっていくはずです。

昔、「地下鉄の電車はどうやって地下に入ったのか」という漫才のネタがありました。今なら電車が地上と地下の両方を走る様子がふつうに見られますので疑問にもならないでしょうけれど、当時は「そう言われてみれば……」という不思議なことでした。人間の身体でも、ガマンしたおならはその後どうなるのか、とか考えてみると不思議なことはいっぱいあります。社会に目を向けてみても、一〇〇円ショップの商品はなぜあんなに安く売れるのか、全国のコンビニで売られているお弁当やおにぎりは売れ残ったらどうなっちゃうのか等々いっぱいあります。そんな「不思議発見」の思いを持って自分の周りや社会を見回してみると知りたい、見たいという欲求が広がっていくと思います。教科の勉強がそうした疑問と結びつけば、「教えられたことを自分の中に取り込む」勉強から、「自分の疑問を解決するヒントを探す」勉強に変わるかもしれません。そうしたら勉強は今までとは違った意味を持ってくることでしょう。

どうですか。学ぶ意味について考えるヒントになったでしょうか。確かに高得点はとりたい、誰よりもいい順位になりたい、どの教科も得意にしたい。多くの中学生がそう思っていることでしょう。でも、勉強の本当の意味は、満点をとることでも得意教科をふやすことでもないんです。むしろ、あなた自身の可能性をどこまで広げられたかが大事なのです。中学生時代に学んだ教科の内容や様々な「???」を追究したり、わかろうと努力したりすることがあなたの体の一部に定着すれば、そこには今後も新しい養分がどんどん入っていきます。人生の引き出しが増える、と言ってもいいでしょう。

大人になったときその引き出しは、いろいろな場面であなたの力になってくれるはずです。中学生時代に学んだ「あの授業」の「あのこと」がふとよみがえって役に立つ、そんなこともきっとあります。そんな夢や疑問を大切にしながら、中学校の教科の学びを楽しみつつ力にし、そこから自分なりの世界を広げていってください。

授業以外の学習が授業の「わかる」につながる

章のはじまりのところで、「悪魔のサイクル」の話をしました。そのサイクルにはまって

「どうせやっても……」という気持ちになって学ぶこと自体までもやめてしまったら、なんのいいこともありません。ここでちょっと考えてみてください。そもそもこの「悪魔のサイクル」の出発点は「わからない」でした。ですから「わかる」と面白くなって、それはやる気につながり、いい循環へと変化していくことになります。そこで、ここからはいい循環に変化させていくためにどうすればいいかを考えていくことにします。

今現在勉強が好きで、やる気も自信もあるという人もぜひ一緒に考えてください。それは今の自分やそのやり方に満足して工夫することをやめたりしないでほしいからです。自分の可能性を広げる機会はどこにあるかわかりませんからね。

「ちょっとわかる」の快感と「やればできる」の実感

なかなか勉強する気が起こらない、やろうとはするんだけれどすぐ気が散ってしまう。思い当たる人も多いのではないでしょうか。では反対に勉強が面白くてたまらないと思っている人や、毎日の生活の中に学習習慣が定着している人はどうしてできるのでしょう。それはわかることが面白いから、わかったことを深めていくと、新しい疑問や発見につながって、もっと面白くなるからなのです。また習慣化させるということにもコツがあると言います。

ある生徒が教えてくれたのですが、その生徒は一日一〇分から勉強を始めました。一週間続いたら、次の週は一一分、それができたら次の週は一二分と時間をのばしていくのです。すると毎日やらないではいられなくなるのだそうです。この場合、最初は短い時間から始める、というのが良かったのでしょう。親から言われたから、宿題をしないと先生に叱られるから、と受け身でやっていると、そのときはがんばっても、親の目＝圧力がないときはしない、ということになりかねません。勉強に自ら取りかかれるようになりたい人はどうしたらいいでしょう。方法は様々あると思います。ゲームやマンガの本、スポーツなど、好きなことならすぐにやり始められるし、集中して取り組めているんじゃありませんか。そうなんです。そこに夢中になれる・なれない、飽きちゃう・飽きないを分ける法則があるのです。それを考えてみましょう。そうすれば、誰でも勉強の習慣をつけることができるかもしれません。

「言えてる」ってそう思いませんか。

ゲームは、最初は誰もがわかる・できることから始まります。そうして、次に「できる」という自信をプレイヤーに持たせるようにします。いつまでもこのままだと飽きてしまうので、次にできそうでできない課題・できなさそうでちょっと工夫すればできる課題が用意されます。この段階では、「必ずできる」という結果が得られることが大切です。そうすれば「やればできる」という快感を体験し、もっと「快感」を得たいと思うようになります。さきほど紹介した集中する時間をちょっとずつのばしていく方法も同じです。ムリのないようにちょっとだけハードルをあげるのです。スポーツの練習も同じです。

やってもどうせできないと思われる課題や、努力しなくても「結果」が得られてしまう課題ばかりだと飽きてしまいますが、ちょっとの努力が必要だけれど、そのちょっとの努力をすれば快感が得られそうな課題だと挑戦しようという気持ちが生まれるものです。難しいのはその「ちょっとの努力」が必要で「必ずできる」という課題を自分に合わせて見つけることです。なぜかというと自分に合った方法というのはその人によって、一人ひとりみんな違うからです。どうすれば自分に合った「ちょっとの努力」と「必ずできる」を自分のものにできるかは大きな問題ですが、ここではそれさえできれば誰でも「勉強」の軌道に乗ることはできるということだけ頭に入れておいてください。

「期限」と「希望」がカギ

「ちょっとの努力」で「必ずできる」ことといっても、その「ちょっと」が大変という場合もあります。そんなときは二つのことを考えるようにしましょう。まず一つめは挑戦することがらを具体的にすることです。例えば「ちょっと」の期間を短くして「ちょっと」ごとに「できた」自分をほめるようにするのです。そして、できたときにはカレンダーに「できたシール」を貼る、そうやって成果を見える化するのもいいかもしれません。

例えば、想像してみてください。あなたは英語が苦手で先生から「英語の成績を上げようね」と言われているとします。でも「英語の勉強をしなくちゃ」と漠然と思っているだけでは前には進めません。何から始めていいかがわからないし、いきなり難しいことをやってもうまくいかないからです。学年や「苦手」の程度にもよりますが、受験生だったら英語のワークやドリルに取り組む、という課題がいいかもしれません。しかも一、二年生の振り返りから始めるのがいいでしょう。もし一、二年生なら英検や入試問題に挑戦する、そのためにドリルをやる、また毎日ラジオの基礎英語を聞く、というのでもいいでしょう。

それと「期限」と範囲を決めて取り組むようにしましょう。期限でいったん区切りをつけてやった結果を確かめます。何がわかっていて、何がわからないのか。それが見えてきます。そうしたら次には難易度をやや上げて、ここまでと同じように期限と範囲を決めてまた取り組んでいきます。そうして期限で区切りをつけるたびに、振り返りと確認をし、がんばった自分をほめるようにします。自分一人でそこまでやるのが難しければ、サポートを親や友だちにお願いするのもいいでしょう。そうやってできなかった習慣ができるようになっただけでなく、勉強がわかって面白くなったという生徒もたくさん見てきました。あなたもぜひチャレンジしてみてください。

もう一つは「希望」です。「希望」とは、その課題をやり遂げるとその先にどんないいことがあるかという挑戦課題の意義のことです。それは、今お腹がぺこぺこのときに、「がんばって歩いて家に帰ればおいしいご飯がお腹いっぱい食べられる」というようなわかりやすい課題と希望の関係もありますが、「勉強」に関してはそんなにわかりやすいことばかりではありませんから、ちょっとやっかいです。でもどんな課題にも必ず「希望」はあります。その「希望」は困難の陰に隠れていて見つけようとしてよく見ないと見えてこないのです。

例えば、教科書の新出漢字を一〇個ずつ書いて提出しなさいという課題が出たとします。そのときに、「あーあ、なんで漢字なんか書かせるんだよ。やりたくないなぁ」と後ろ向きに考えるのか、「今学期掲げた国語の成績を上げるという課題に近づくチャンス」と考えるのかでは全然違うと思いませんか。テストで満点をとるという目標は自分の努力だけで達成できるものではありませんが、漢字を一〇個ずつ書くことならやれば必ず達成できます。しかもそれが、国語の成績の基礎点になり、テスト勉強にもつながると考えればこんなにいいことはありません。そしてやりきった結果、先生から「よくやったね」などとほめてもらえれば自信につながります。この自信は、次の「希望」に向かう原動力になっていきます。

でも本当は、この「どんないいことがあるのか」の問いに対する答えはもっと深いところにあります。これは次の章でお話しすることにして、ここでは課題が出たときには、やりきれば「こんないいことがある」の「こんないいこと」を見つけて取り組むといいですよ、ということにとどめておくことにします。

授業は大切！

数学の時間に英語の宿題をやって、英語の時間に数学の問題を解いている……。ときどき教室で見かける光景ですが、こんなムダなことはありません。教科に得意不得意があるのは当然ですし、先生に好き嫌いがあるのも仕方ないことです。でもどんなに不得意な教科で、どんなに嫌いな先生の授業であったとしても、その先生はどうすればみんながてきるようになるかということを考え、そのための準備をして授業に臨んでいます。ですから、まずはとにかく授業をきちんと聞くようにしてみましょう。黒板に書かれていることをノートにとりましょう。たとえわからなかったとしても、耳を使い手を動かしていれば頭とノートには何かしら残ることがあります。それを積み重ねていけば大きな財産になります。それをもとに、わからない内容を調べることもできます。繰り返し読み返すこともできます。逆に授業を聞かず別のことをやっていた場合、何も残らないばかりか、後で質問したときに、「お前は授業中、他のことをやっていたじゃないか」と相手にしてもらえないかもしれません。先生が時間をかけて準備したことを別の時間にあなたが一人で一から全部やり直すというのはとても大変ですし、場合によってはかけた時間も労力もムダになってしまいます。本当にもったいない話ですからやめた方がいいと思います。

ノートづくりは「勉強づくり」

先ほどノートをとるということについてふれました。もう少し詳しく言うと、それは授業で学んだことの記録を残すということです。その意義は「後で授業の内容を振り返るときに役立つ」だけではありません。相手(先生)の「話をしっかりと聞く」、「自分の考えを整理し、記録する」の二つの意味もあります。これを本気でやったらとても疲れますが、上手にできるようになったとしたらすごい力になります。なぜなら、それは要点をつかみとりながら話を聞きとる力、耳で聞きながら書き留める力、話の内容を整理する力がついてきているからです。この力は将来社会に出て、仕事で打ち合わせや会議に参加したときなど、人と関わるいろいろな場面で必ず必要とされます。今すぐにはできなくても普段からやり続けていけばだんだんと身についていきます。あのときやっておいて良かったと思う日がきっとくること間違いなしです。

それでは、まずは、ノートづくりのアイデアについていくつか書いていきます。すでにやっていることもあるでしょう。その場合はスルーして、まだやっていないこと、チャレンジしてみたいことからぜひトライしてみてください。

①教科ごとに分ける

一冊のノートに全部の教科の内容を書く万能ノートや、とりあえず記録して試験前にまとめ直すというのは時間のムダですし、結局まとめきれずに終わってしまいがちですのでしない方がいいでしょう。

②すき間を空けて後で書き込みができるようにしておく

一行あけて書くようにする、見開きの左と右のページの役割を分けて使うようにするなど。例えば数学の場合、左を練習問題、右を解説というようにしたり、社会科では左に黒板の内容を書き、右には自分の疑問や気づいたことや考えたことを書くというようにするといいでしょう。見開き二ページでなく、二対一ぐらいの幅で縦に一本線を引いて一つのページを二つに分けて使うのもアリだと思います。

③間違ったところは大切な宝物！　何があっても消さない

数学の練習問題などだけでなく、その他の教科でも先生から「自分の考えを書いてごらん」などと言われることがあります。もし、自分の書いたこととその後先生が言ったことが違うとき、どうしていますか。自分の書いたものを消して「正解」に書き直している人がいたとしたら、それはNGです。学校に限らず勉強での間違いは決してマイナスではありません。自分の勘違いの記録ですし、間違えやすいところの記録だからです。先生や友だちに聞くことでどうして間違えたのかに気づければ、これは自分だけの学びの記録で価値ある宝物になります。間違えたところを消して正解に書き直したのでは、せっかくもらった理解を深めるチャンスをムダにすることになります。答えだけを書き写しておしまいなんてもったいないことはしないでくださいね。ノートじゃなくてテストのときはどうするの？　ですって。もちろん、試験中に自分で間違いに気づいたら消しゴムで消して正しい答えに直さなくてはいけませんよ。でも、採点して返された答案の「×（バツ）」は自分の勘違いや「わからないところ」を教えてくれる貴重な資料です。満点答案になるまで勉強すれば次は「完璧」です。学校の勉強で最大の問題は「どこがわからないかがわからない」ことなんです。そこを解決すればいいわけですからね。授業や試験での間違いは、次への第一歩がハッキリしたぞ、と前向きに考えましょう。

④ノートに書いたら日付も残しておきましょう

ノートには書いたときの日付をどこかに書いておくようにしましょう。振り返ったとき他のノートの内容と関連づけることもできるし、先生や友だちに質問するときにも、いついつのあのことで……とイメージがしやすくなります。

⑤板書されなかった言葉をメモる

先生が黒板に書かなかったことの中に大切なことが潜んでいる場合があります。先生が黒板に書くことはあくまでも授業の要点です。実際は黒板の内容を書き写すだけでいっぱいいっぱいという人もいるでしょうが、まずはできる範囲でトライしてみてください。だんだん慣れてきますよ。そうして話の中に登場した気になる言葉をメモしておくんです。②でつくった、頁の余白に書き留めておくのがいいでしょう。なぜなら、板書されなかった言葉は、たいていの場合授業の理解を助ける、そう、要点と要点をつなぐ「線」になっているからです。後で見直したときに、その「線」がいろいろ役に立つんですよ。点と点が線でつながると面ができて、授業の全体像が見えてきます。何度も繰り返しますが、それは「わかる」「わからない」を具体的に知るきっかけにもなるからです。ですから板書されなかった言葉を書き留めたものの、どんな意味があるのかわからなかったときには「理解不能」「意味不明」などの言葉を書いておくといいでしょう。もっとわかりやすい記号でもいいです。そうすると次に見たときに気づいて調べることもできますし、先生にも質問しやすくなります。

さらに真面目なことばかりでなく、ダジャレ連発の先生の場合はそれもメモしちゃいましょう。それと、そのときの自分の感じたことや気分を落書きのように書くのもいいかもしれません。「ネムイ……」「勉強嫌い！」「因数分解難しい」なんて書いてあるのを後で見直したとき、「ああ、前の晩は寝たのが遅かったんだっけ」なんてことを思い出すばかりでなく、そのときの自分の心情や現実を知るきっかけになったりします。

⑥マーカーやボールペン……色は三色程度がいいかも

後で見直すためにノートをとるということは最初に言いました。そのときに一色よりは何色か使った方が見やすくできます。ただし、七色とか一二色というように多くの色を使うのはおすすめしません。かえって見にくくなってしまうし色分けに時間がかかってしまうからです。せいぜい黒赤青の三色ぐらいにしておいて、赤は大切な用語、青はその他の注意などのように色使いのルールを決めておくといいでしょう。同じ鉛筆でもちょっと筆圧を弱くして書くとアクセントになります。離れたところに書いた言葉や内容を薄く円で囲んで線で結ぶとノートの内容を関連づけることもできます。キーワードを赤で書いておいて、試験前に赤い下敷きを乗せて見えなくして用語チェックに使っている人がいましたよ。あなたのアイデアで見やすいノートができるといいですね。

⑦写真の切り抜きや付箋を活用する

授業のときは十分に説明がなかった事柄があれば、確保しておいた「すき間」に書き込んで内容を補充していくといいでしょう。そのときに、図表や写真などのコピーを貼り付けたりすると内容豊かなノートになります。付箋にメモを書いて貼り付けるのもいいですし、キーワードの上に付箋を貼って隠すと試験対策にも使えます。

⑧ノートを自分の「思考メモ」にする

最初に、ノートをとることは、「相手(先生)の「話をしっかりと聞く」」、「自分の考えを整理し、記録する」の二つの意味もあります」と書きました。相手の話をしっかり聞くのは、大人でもできない人がいます。みなさんの中にも自分が話している最中に相手が最後まで聞かずに反論してきたり、意見を押し付けられてイヤな気持ちになった経験をした人、結構いるのではないでしょうか。同じことをしてはいけません。まずはきちんと聞く、そのうえで、自分の考えを言う、その姿勢が大事です。授業は、一方的に先生の話を聞くばかりでないはずです。質問をするにしても、答えを言うにしても、まずは話を最後まできちんと聞くことが大事です。余談ですが、ある生徒に「先生、この間国会中継のニュースを見てたら、人の意見を最後まで聞かずに野次を飛ばしている人がいたけど、どうして国会議員なのにそんなことするの？」と言われて困ったことがありました。きっと、その議員は、人として必要な大切な力を身につけないまま大人になってしまったのかもしれませんね。

さて人の話を聞きつつ、それをノートにとれるようになったら、自分の考えを整理するためのツールとしても役立てられます。そう、将来どんな仕事に就いたとしても、聞いたことをノートに書く習慣、そしてそこから考える習慣をつけることは、あなたの仕事や人生をよりよいものにしていきます。今は職業人になった卒業生たちが、こんな体験を話してくれました。家業を継いで美容師をやっているAさん。お客さんの注文を、仕事を終えた後にその都度書き留めています。カラーの色、切った長さ、そのときに参考にしたモデル、そして失敗等々。そうすることで新しい提案もできるし、失敗を補う工夫もできます。丁寧な接客がリピーターを増やしているそうです。保育士のBさん。忙しい時間の合間に子どもたちの発した言葉を書き留めているそうです。そうしてお迎えや面談のときに、そのことを保護者に伝えます。すると我が子の違った一面に出会ったと喜ばれるそうです。一つ一つは些細なことですが、この積み重ねが自分の仕事をよりよくしたり、充実した一日を過ごす際のヒントになったりします。とはいえ、これはまだ先の話で実感はわかないかもしれません。まずは、授業を中心としたノートからやっていきましょう。そのときに、「えっ?」「そっかぁ」「なんで?」などの言葉を自由に入れながら、自分が考えた「道筋」を書き残すのもおすすめです。こうしたノートのとり方は、自分の今を見せてくれます。それは同時に必要な学習もわかってきます。高校生や大学生、社会人になったりしたときにも応用できる重要な技術になります。

先生活用術＝休み時間、放課後、いつでも気軽に質問

「先生、理科がわからないので教えてください」と聞きに来る人がいます。質問は先生にとって結構嬉しいものです。自分の教科に関心を持ってくれる人が増えてほしい、多くの先生はそう思っているからです。でも、この質問の仕方はあまりいいとは言えません。きっと理科を勉強しなくちゃと決意したけれど、何からやっていいのかわからなくて困っちゃったのでしょう。これでは理科の勉強の仕方を聞きたいのか、今日の授業で理解できなかったところを聞きたいのか、試験勉強をしていたらわからない問題があったのでそれを聞きたいの

かわかりません。それによって答え方も必要な時間も変わってくるからです。私は、勉強の仕方がわからない、理科の成績を上げたいといった根本的な問題でなければ、できるだけ問題集やノートなど具体的なものを示して質問するようにすすめています。その方が具体的に話ができるからです。「どこがわからないの」とたずねて「全部です」となってしまうと勉強の仕方も含めて時間をかけて話をする必要がでてきます。まずは、何がわからないかを一度自分で整理してから質問をしましょう。えっ、それができないから一番最初の質問になってしまうんですって。なるほど、そうなんですね。そういうときは教科書や問題集などを持って、「先生この分野のこの問題がどうしてもわからないんです。教えてください」と声をかけることです。するとそれをきっかけにわからない問題についてだけでなく、自分が本当に困っていることが見えてくるかもしれません。先生によってはその場ですぐに教えてくれることもあれば、今はちょっと忙しいと言われることもあるかもしれません。そうしたら、「いつうかがえばいいでしょうか」と聞いて時間の約束をするようにしましょう。

計画を立てる

どんなことでも、限られた時間で効果を上げようとするならば、「計画を立てる」ことが必要になります。それは勉強ばかりでなく合唱コンクールの練習や大会前の部活の練習も同じです。行き当たりばったり気の向くままでは効果は上がりませんからね。計画を立てて実行するのはあらゆることに通じています。

そして今計画を立てて取り組む習慣をつけることは、いい結果つまり成績のためだけでなく別の意味もあります。

段取り能力を身につける

社会に出たら、自分のやるべき仕事を責任を持ってやることが求められます。いつまでにするのか、どこまでするのか、どれくらい時間がかかるか、その仕事にどれだけの時間が割けるのか、期日までに終わらせるためにはどんなペースで仕事をすればいいか、と考えることのできる能力が必要になります。その能力を段取り能力と言います。社会に出るまでに是非身につけておきたい力です。ですからテストに向けた勉強の計画を立てるときには、段取り能力を身につけることを意識してみましょう。

テストまでに自分がやるべき勉強量、使える時間、一日の勉強量は、と段取っていくのです。あらかじめこの段取りをしておくと、見通しを持って学習していくことができます。また、計画通りに実際は進まないものです。そのときには、柔軟に計画を修正していくことも大切になります。

反省して成長する

もう一つ、計画を立てることによって私たちは、反省をするときの基準を持つことができます。反省というと、なんだかできなかったことや失敗したことについてその理由を考えるというように、マイナスのイメージがあります。でも決してそうではありません。できなかったことばかりでなく、できたことについても考えることが大切です。なぜうまくいったのかという理由を考えれば、それは他のことにも広げていけるからです。うまくいったときは「がんばったからだ」とざっくりとまとめ、思ったような結果が得られなかったときには「ああ、ダメだった。次はもっとがんばろう」というような漠然とした反省をして済ませてしまいがちです。思い当たることはないですか？　でも、そんな反省の仕方ではやった結果を次に活かすことはできません。うまくいかなかったときは、目標や計画にムリはなかったのか、次はどこに重点を置いて計画を立てればいいのか、と具体的に振り返るのです。そうやってこそ次に活きる反省となります。

中学生の場合、計画を立て、実行し、そして振り返りをする中で、自分の性格もわかってきます。すると無謀な計画を立てて自滅するということは減っていき、むしろ日頃から準備をする、心づもりをしながら勉強するといったことができるようになります。

さあ、次は実際に計画を立てることを考えてみましょう。勉強の計画と言っても、日頃の予習復習から、三年生の受験勉強、毎学期ごとの定期テスト対策など様々あります。ですから、ここでは定期テスト対策を例にして計画の立て方を考えてみることにしましょう。

定期テスト二週間ぐらい前になると、学校によっては試験範囲が配られ「一人ひとり学習計画表のようなものをつくって提出しなさい」と言われるところがあります。あなたの学校はどうですか。実は、あの作業に計画を立てる基礎基本が入っているのです。ない人は、自分でつくってみましょう。

よくあるのが縦に二週間分の日付が書かれ、横に一日の時間が書き込まれたスケジュール(日課)表です。勉強の内容と時間をどう使うかを自分で決めて計画を立てていきます。そのときに大事なポイントになるのが目標です。「平均点より高い得点をとる」「数学で計算問題は八〇%できるようにする」「歴史で年代は完璧に覚える」「苦手教科も含めて全教科で〇点をなくす」などの目標でもいいと思います。また「○時間の家庭学習！」といった目標でもいいでしょう。いずれにしても「今度の試験勉強では○○をやるぞ！」という自分なりの挑戦課題を決めることがとても大切です。部活で言えば、県大会出場とか一回戦突破とかいうあれです。そうしたら、今の自分のできるできないという現状を出発点にして、その目標に到達するためには何をすればいいかという作戦を立てて、あとは実行！ということになります。

もう一つ大切なことを言い忘れていました。それは何を使ってどう勉強をするのかを具体的に考え準備をすることです。問題集やワークなどを使っていれば、それを使って勉強をします。何を準備し何を使っておさらいをしていくのかは、教科によって違うので、数学はこれを使って勉強する、理科は、英語はというように決めておくことが必要です。

計画表をもとに、具体的に考えていきましょう。

①まず時間です。一週間の生活を振り返ります。その中で勉強にあてる時間がいつとれるかを洗い出してみましょう。例えば、日曜日は地域のサッカーの練習があるとか月曜日は塾があるとか、学校以外の予定がある人もいるでしょうから、動かせない予定をまず入れます。そうすると自分で自由にできる時間帯が見えてきます。そこで何時から何時までだったら試

験勉強にあてられるという時間を洗い出すのです。もちろん、ご飯の時間や息抜きの時間もちゃんと入れましょうね。

②そして次にその時間に何をするかという内容の洗い出しです。ここでは定期テストで考えていますから、範囲から、どんなことをやればいいかの項目を挙げてみるといいですね。そのときに得意なところ不得意なところをチェックしておけば、あとで時間の割り振りをするときに便利です。三年生になって受験勉強をするときにはちょっと量が多くなりますが考え方は同じです。

③その次は、いつ何をするかということ、つまり①の勉強時間の枠に②で挙げた項目をあてはめる作業です。月曜日のこの時間には何をやって火曜日には何をやるというように……。さっき洗い出した勉強する内容(項目)をいつやるのか、いつならやれるのかということを考えます。問題集を使う場合は何ページから何ページまでと割り振りを決めてもいいと思います。定期テストの勉強計画の場合は、一〇〇点満点とる勉強と基本的な問題は確実にできるようにする勉強では内容がまったく違います。そのときの自分を見極めて、「今度のテストでは〇〇する！」などの目標を決めて、計画を立てます。

①勉強にあてる時間の確保と②やる内容を調べて③あてはめる。それが学習の計画づくり

です。実は先生たちもこんなふうに計画を立てて毎日の授業をしています。一年間でどんな内容を教えるのかを決め、このクラスの授業は何曜日の何時間目かという時間割に沿って教える内容をあてはめていくのです。先生の場合、内容を時間割にあてはめるだけでは授業はできません。わかりやすい授業にするためにどんな教材(ネタ)を使ってどんな順番でどう教えるかと考え、教材を探したり、教え方も工夫したりします。このどう教えるかという「教え方」は先生によっても違いますし、実は同じ先生でもクラスによってそれぞれの個性に合わせて微妙に変えているのです。

みなさんの場合も同じです。何をいつやるかが決まったら、今度はどんなふうにやるか、勉強の進め方が問題になります。これが決まっていないと、「よし! この時間は数学の方程式の勉強だ」と言ってもどこからどう手をつけていいのかわからず、いたずらに時間だけが過ぎていくことになってしまいます。慣れてくると、自分の性格やその教科に合ったやり方が決まってくるのですが、最初はなかなかうまくはいきません。でも、最初はみんな同じです。あきらめずに続けるうちに、だんだんうまくなっていくのです。

計画を実行する

次に、立てた計画を実行する際に役に立つアイデアや工夫について、私の経験を紹介します。

よくやられているのが、覚える必要のある教科なら赤字で書いて、赤い下敷きで隠して覚えるといった暗記用のアイテムをつくるとかいうことです。そのときの、簡単につくれる暗記用のアイテムをご紹介します。図1のように罫線のついたノートやレポート用紙を一枚用意します。真ん中で二つに折れるようにします。そうしたら左と右に、英単語と日本語、漢字と読み、歴史のできごとと起きた年など対応する言葉を書いて、山折りになるように半分に折れば答えを隠してチェックすることができます。つくる手間と持ち歩く場所をとらないので結構便利ですし、工夫次第でいろいろなものに応用できます。やってみてください。

得意な教科からするか、苦手な教科からするか

誰にも得意な教科と苦手な教科というものがあると思います。えっ、ボクには得意な教科はないよ、全部平均点に届かないし……ですって？　他の人と比べた平均点なんてどうでもいいんです。自分の中で比べるんです。得意という言い方がダメなら、「他の教科と比べて

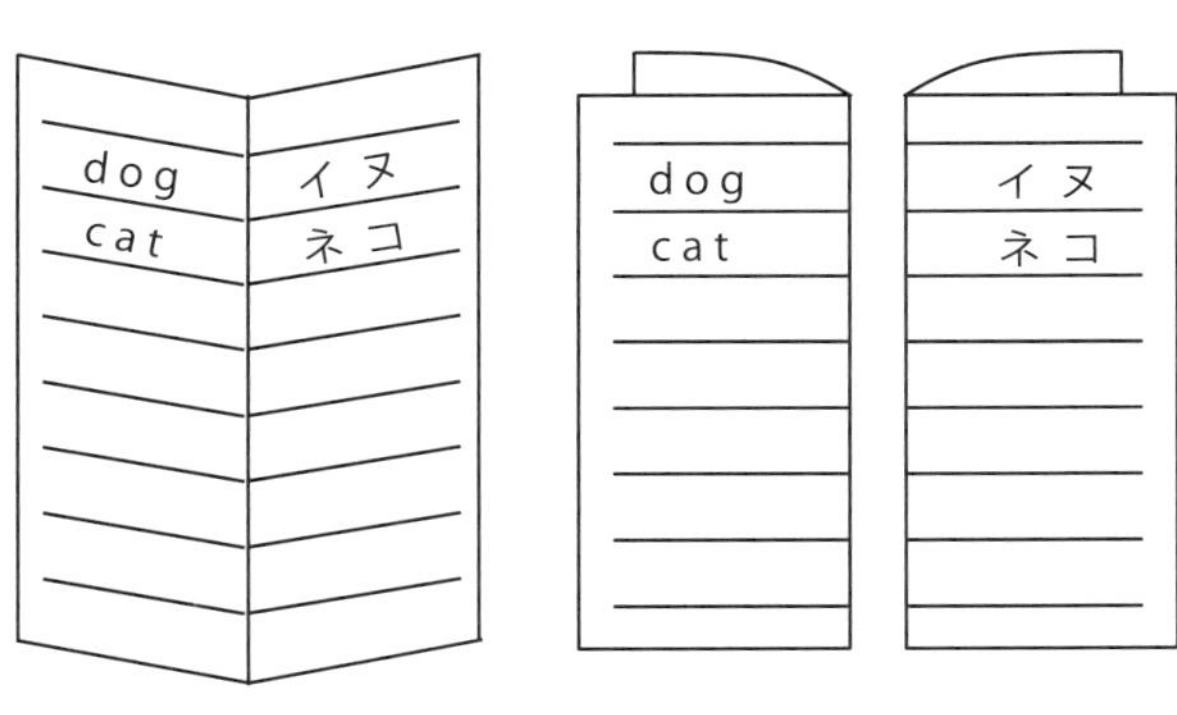

図1　暗記用の「ノート」のつくり方

ちょっと面白いなって感じている教科」って考えてみてください。自分で勉強の計画を立てるときに、苦手な教科とちょっと面白いと思っている教科のどちらを初めにしますか。苦手教科を克服しなくちゃとかいう思いがあるとどうしてもそれをやらなくちゃと思って、とにかくまずその教科から始めなければと思ったりする人がいます。カナタ君もその一人でした。「苦手克服」って目標を立てて、理科の勉強をいっぱい入れました。「だって、先生もこの間の面談で「苦手な理科、もっと家で勉強しなくちゃね」って言ってたでしょ」って意気込みを語ってくれました。問題集を使って勉強していくってことも決めました。でも、もともと苦手で好きになれない教科ですから、なかなか気持ちが向かず勉強モードに入れません。お母さんから、「勉強時間でしょ！」っておしりを叩かれてやっと机に向かいましたが気分が乗らないのです。結局時間だけが過ぎていき、他の教科もできなくなってしまったという苦い経験を持っています。

こんなときどうしたらいいのでしょうか。最初に得意な教科とか、勉強に取りかかりやすい教科から始めて、調子に乗ってきたところで苦手教科に入るというやり方を試してみてはどうでしょうか。自転車だってこぎ出すときは力がいるけれど、動き出してしまえば楽にこげるようになるでしょ。あまり好きじゃない勉強に取りかかろうというのですから、できるだけハードルを低くして、関心の高い教科から始めるというのは理屈に合っていると思うのですがいかがでしょうか。それに、一つでも得意科目があると勉強そのものに対する苦手意識が薄れていくというメリットもあると思いますから。

苦手な教科は得意な分野をつくることから

では、苦手な教科はどう克服していけばいいのでしょうか。この「中学生の勉強方法」の最初のところで「悪魔のサイクル」に入る話をしました。カナタ君の場合も「理科は苦手」という思いが「理科なんて嫌い」という決めつけになってしまっていることも考えられます。でも、カナタ君は、理科の授業全部が嫌いと感じていたわけではなかったのです。例えば圧力とかの計算は好きになれなかったけれど、小学校のときに勉強した星とか宇宙のお話は大好きで、中学生になったらもう少し詳しく勉強できると楽しみにしていました。中学校の理科は動物や植物の勉強や天気や地形の勉強、いろいろな物質やその変化、そして物体の運動など自然界の様々な事柄を扱います。ですからその中に、苦手とか好きになれないとかいうものがあっても当然です。得意教科をつくることで勉強そのものに対する苦手意識をなくそうとしたように、苦手な教科の中でも興味のある分野をつくり出していってみてはどうでしょうか。

学習塾の活用

塾にも目的のタイプと形態で様々な違いがある

①目的による違い

中学生の勉強で考えておきたいのが塾についてです。あなたの周りにも塾に通っている人がいると思います。もしかしたら、あなたもその一人かもしれませんね。ところで、そうした人たちは何を求めて塾に通っているのでしょうか。

ユキト君は「中学校に入って授業がわからなくなってきた。一学期の成績を見てお母さんに塾に行きなさいって言われたから……」と話してくれました。ヒナコさんは「三年生になったので受験勉強に役立つし高校受験に必要な偏差値とかわかるから」と言います。また、小学校の頃に遊んでばかりいて算数がまったくわからなくなっていたシュウ君は、「この塾はボクに合わせて小学校の頃の内容からやり直してくれる」と言っています。そして、三人とも共通していたのは「塾の友だち」でした。学校とは違う友だちができて、それが結構楽しいんだって話してくれました。

このように、塾には三つの機能＝効果が備わっていると言われます。まず、ユキト君のように日頃の学校の授業の復習をして理解できないところを補ってもらったり、シュウ君のようにわからなくなったところまで戻って教えてもらってやり直しをすることができること、これらを「補習塾」と言う人もいます。それから、ヒナコさんのように「受験」に向けて学力をつける受験勉強はもちろん、高校受験の資料提供や学校選びといった「進路相談」をする「進学塾」と呼ばれるタイプの塾もあります。でも塾の持っている機能＝効果にはもう一つあるのです。それは塾に行くとそこに友だちがいるということ、つまり学校とは違う友だち(人間関係)がつくれる、安心できる「居場所」がつくれるという効果です。中学生にとって大きな意味を持つ「友だち」関係を広げるチャンスです。実際、塾の先生がこのことを意識して向き合ってくれるとは限りませんが、塾がそうした場であることは否定できません。

授業のサポートのための「補習塾」、受験のための「進学塾」、この両方に共通する安心できる仲間と出会えるところ＝「居場所」をつくるという機能。実は塾の中には、この「仲間づくり」を中心にし、塾の先生もそのことを意識しながら生徒と向き合い、さらに補習や進学のサポートをしているところもあります。こうした塾では、放課後みんなが集まってきて、先生から勉強を教えてもらったり友だち同士教えあったりしています。塾と言ってもそれぞれ特徴がありますから、自分が塾に何を求めているのかその目的を明確にして選んでいく必要があります。中には「お前は家にいるとゲームばっかりしてちっとも勉強しない。塾に行っていればとりあえず勉強時間が確保できるから」なんて親の指示で行かされている人もいるかもしれません。それが時間とお金のムダにつながらなければいいのですが……。

②運営形態による違い

それと塾の形態も様々です。学校の授業のように、教室がいくつもあって生徒は決められた教室の席に座り、専用のテキストや問題集を使って先生が「授業」をするタイプがあるかと思えば、一クラス一〇人以下の少人数制授業や三～四人程度の個別指導の塾など人数の面での違いがあります。それから、成績順位別に所属のクラスが決められるようになっていて、テストの成績が出るたびにクラスが上がったり下がったりする仕組みの塾もあります。一方で、「今月はがんばってここまでできるようになったから、次はこれに挑戦しよう」というようにその人の理解や歩みにあわせて課題を決めていく塾もあります。

あなたがもし塾に通っている、またはこれから通うとしたらその目的は何ですか。あなたにあっている運営形態は？　それをよく見極めて塾選びをすることが大切ですね。

塾を活用するということの意味

塾はうまく活かせば大きなプラスになりますが、塾に振り回されるようなことがあると大きなマイナスになってしまいます。塾を選ぶときには気づかなかったけれど、実際に行ってみたらこんなはずじゃなかったって気づくこともあります。そんなときはどうしたらいいのでしょうか。

アイリさんの例をお話しします。アイリさんは一年生のときに厳しい塾に入りました。お姉さんがその塾に通って相当な進学校に合格したことも理由の一つでした。でも、運動が苦手だったお姉さんと違いアイリさんはスポーツ大好きの活発な子でした。バスケットボール部に所属してスポーツも勉強も手を抜かないでがんばりました。表情もいきいきして輝いていました。ところが二年生になると少し様子が変わってきました。塾の課題が増え、部活も三年生が抜けて責任が重くなってきたのです。それまで部活と塾と学校の勉強の全部をがんばっていたアイリさんでしたが、だんだん一杯一杯になったのか表情が暗くなりあちこちに八つ当たりするようになってきました。そして、ある日とうとう「私、塾を辞める。でも勉強は手を抜かずしっかりやるから」とお母さんに言いました。アイリさんは、学校の活動を中心にしていくことを決めたのです。最初お母さんは反対をしましたが、アイリさんの熱意に負けて塾を辞めることに同意しました。その後のアイリさんは、三年生の引退のときまでバスケ部の中心選手として活躍し、勉強もがんばりました。高校はお姉ちゃんのような超難関進学校ではありませんが、自分のやりたいことができる高校を選び合格しました。その後大学に進んで今は公務員として仕事をしています。

この項のタイトルが「学習塾の活用」となっているのは、塾はあくまでも自分を活かすために活用するものであって、自分が塾に振り回されるようなことではいけませんということが言いたかったからなのです。そのためには、まず「なりたい自分」をイメージしてそこに向かうために利用できるものの一つとして塾を考えることです。塾に通おうとするときには、そのことを考えてみてください。場合によっては途中でも「辞める」「変える」という選択肢もありますから。

✦趣味・習い事は「勉強」以外の学びと人生に役立つ

最近の中学生の中には、サッカー、硬式野球、硬式テニス、スイミング、ヒップホップダンス、バレエ、ピアノ、合唱団等々、学校での学習の枠を超えて技術を磨いている人たちがいます。趣味としてそれなりに楽しくやっている人もいれば、学校外の時間のほとんどを使って毎日全力投球している人もいます。国際大会に出場するような技術を身につけている人もいて、やっている姿を見ると「すごいなぁ」と感動させられます。そんなとき、中学生の可能性ってすごいなぁ、一人ひとりみんな違う輝きを出すんだなぁといつも感心させられています。

小さい頃からやってきた習い事の中に「将来なりたい自分」を見つけた人もいます。そうした人の場合、中学校を卒業した後それを追求するための学校に進学する人もいますが、三年生になって受験勉強が忙しくなったとき、それまでの習い事をやめてしまう人もいて人それぞれです。でも、受験勉強で行き詰まったときにそれまで習ってきたピアノを弾いたり、キャッチボールをしたりして気分転換するなど、小さいときからやってきたことは一つもムダにはなりません。高校、大学と続けて大人になってからも趣味で続けていって、人生を楽しくしている人もいます。趣味とか特技を持っていいですね。社会に出て仕事に就いてからも人間関係をつくる上で役に立ったって話も聞きますからね。

✦家庭学習・自ら学ぶ時間の大切さ

「学習塾の活用」のところでこんなお話をしたのを覚えていますか。塾に通っている理由が「家にいるとゲームばっかりしてちっとも勉強しない。塾に行っていればとりあえず勉強時間が確保できるから」というものです。確かに、塾に行っていればその時間はゲームはできないし、「勉強」というものに触れていることはできるのですから何もしないよりましかもしれませんし、塾の「活用」法の一つと言えるかもしれません。でも、本当の活用というのは自分の学習計画の中に塾を位置づけるということです。「計画を立てる」というところで「段取り能力を身につける」「反省して成長する」という二つの意義についてお話ししましたが、今日何を勉強するのかを塾に丸投げしていては自分でできるようにはなりません。「自分でできる」力をつけていくことも中学生時代の挑戦課題の一つです。学校や塾の授業が先生の立てた計画に従って進められるのに対して、家庭学習は自分が立てた計画で進めるのです。

学ぶとは、自分自身と自分以外の世界をつなぐことですから、新しい知識や技術に触れ、それを自分の中に整理してしまい込み、自分の一部にして活用できるようにすることです。そのとき、知識や技術をどのようにして自分のものにしていくか、つまりどんなふうに自分の中にしまい込んでいくのか、しまい込み方や道筋は十人十色です。つまり自分にあった勉強のやり方は一人ひとりみんな違うのです。学校の授業はみんな同じ道筋で進められますので自分をそれにうまくあわせなくてはなりませんが、家庭学習は完全に自分のペースで進められるのでとても有効な学びの活動です。できるだけ早いうちに自分の家庭学習＝学びのペースをつくれるようにしたいものです。

3章

学ぶことの意味を考える

✦勉強は何のためにするのか

今やっている勉強はいったい何の役に立つのだろう。これは誰もが一度は考える疑問ではないでしょうか。もしかしたら「何の役に立つのか」ではなく「何で勉強しなくちゃいけないの」という問いかもしれません。ここではこの問いについて考えてみることにしましょう。

あるとき教室で中学生に聞いたことがあります。そうしたらこんな答えが返ってきました。

●ただ高校に入るためだけだと思う。勉強の内容に意味はそれほど感じていないので、入試の問題を解いて、高校に入るためだけにやっている。勉強をそんなにしたって、人生の役には立たないと思うが、高校に入れば選べる仕事が増えるので意味がないわけではない。つまりやれる仕事の種類をふやすためだけ。でも勉強の仕方が決められているのはイヤだ。ノートをとらなくてはいけなかったり、同じことを何度も書いて覚えたり。その人によってそれぞれあったやり方があるはずなのに……。

●ボクは今まで何回も「何で勉強をするのだろう」と考えたことがある。テストが近づくと必ず勉強しなくちゃいけない。それがイヤで勉強が嫌いになったときもあった。でも最近、

勉強は楽しいことだと思うようになった。義務教育だからといって仕方なく勉強をするのではなく、勉強を楽しもうとすればいいんだ。そうすれば、将来のためでも、夢のためでも、理由は何のためでもがんばれそうな気がした。これからは将来のため、夢のためもあるけど、やっぱり、楽しんでするという思いで勉強したいなと思いました。

どうですか、どれもみんなもっともな理由だけれど、「自分の考えとは違うな」って感じた人もいると思います。反対に「わかるわかる」と思った人もいることでしょう。この問いへの答えはたくさんあって、同時に全員を納得させることができるものは一つとしてないかもしれません。親だったら答えてくれるかもって思って、そうっと聞いてみたら、「そんなこと考えているヒマがあったら漢字の一つでも覚えろ!」なんて、叱られちゃったって人もいるかもしれませんね。でも大切なことですからもう少し続けて考えてみましょう。

私たちはどうしてご飯を食べるのか……

「勉強」で考えるとイヤになってしまうでしょうから、ここからはちょっと違う視点でこの問いを考えてみることにしましょう。

「どうしてご飯を食べなくちゃいけないの？」って小さな子に聞かれたら、あなたは何て答えますか。「食べたくなければ食べなければいいんだよ」って言っちゃいますか。そうはいきませんよね。食べなければ人間は生きていけないのですから。食べるということは動物にとって当たり前すぎることなのです。あなたがもし、それまでに理科の知識を身につけていたならば、きっとこう答えるでしょう。

「人間のような動物は植物と違って自分で栄養をつくることができないから、食べないと体も大きくなれないし、遊ぶこともできなくなってしまうからだよ」

確かにこの答えは間違ってはいません。でも、質問した子は、これから食事のたびに「大きくなるためだ」「遊ぶためだ」といちいち自分に言い聞かせて食べるでしょうか。そんなことはしないでしょう。小さいときは「〇〇のため」と考えてご飯を食べるのではなく、一日中思いっきり遊んだらお腹がぺこぺこになって、何か食べたくてしょうがなくなったから食べる。食べたらおいしくていっぱい食べたくなって、お腹がいっぱいになったら幸せだなぁって思って、眠たくなって眠る。そんな幸せ気分が元になって、元気が湧いてきて、いろいろなことをしたくなる、そしてお腹がへってきて、また食べたくなる、と、こういうパターンの繰り返しだと思いませんか。もう少し大人になると、栄養のバランスやカロリーを気にしながら食べるようになっていくのです。

「食べるのと、勉強するのとは違うよ」って思うかもしれません。でも、共通することもあるんです。食べることがそうであったように、誰だって小さいときは勉強大好きだったんですから。もちろんあなたもですよ。「えぇ！ 勉強大好きなんて、ボク(私)は一度もなかったよ」なんて言わないで、ちょっと思い出してみてください。あなたは、小さいときに珍しいものや不思議なものを見たとき、一緒にいる大人に「これ何？」とか「どうして？」とか聞いたりしたことはありませんでしたか。人間ってもともと、「知りたい」「見たい」「聞きたい」「やってみたい」「できるようになりたい」という好奇心と向上心、挑戦心のかたまりなのです。「でもそれはうんと小さい子どもの話でしょ」「ボクは違う」「私は好奇心ないから」って疑う人がいるかもしれません。本当にそうでしょうか。そう思うのは苦手な勉強のことが頭に浮かんでしまうからです。そこで、いったん学校でやっている勉強のことは抜きにして考えてみましょう。

✦「学ぶこと」はワクワクする楽しい活動

新しいゲームの攻略法や大好きなアイドルの情報とか、今自分が夢中になっていることについての知識や情報、ハマっているスポーツやダンス、音楽等があれば、それらを思い浮かべてください。夢中になっていることだったら、もっと知りたい、うまくなりたい、強くなりたいと思ったりしませんか。そう思うのは当然のことです。新しい知識に触れたい、技術を身につけたい、もっとうまくできるようになりたいと思う……、これは人間がもともと持っている欲求です。そして、これを実現する活動が学習、つまり勉強なんです。勉強・学習というのは、知らなかったことを知ったり、できなかったことをできるようにするためのワクワクする活動なのです。

さっきも言ったように、食事をするのは生活のエネルギーを得たり、体をつくったりするためです。だけれども、普段のおやつや食事は、仕方なくではなく、「お腹がすいたから」「食べたいから」「おいしいから」と言って食べてきたのではないですか。食べないと元気が出ないから、身体に悪いからと自分に言い聞かせて、食べたくなくても食べるように努力する状況もあります。でも、もともとは「食べたい」という欲求＝食欲が元になっていたのです。そして、食べておいしかったという快感が次への意欲になってきました。それと同じように「勉強」の原動力も、最初はもっと知りたい、できるようになりたいであり、できるようになって嬉しい、楽しいということだったのです。こうなってくると勉強は楽しくなり、そうすれば、ますますできるようになってまた楽しくなってくる、というういいことずくめのお話になるのです。

自分にあったやり方で学び「できた」と実感できれば

では、楽しかったはずの勉強がなぜ今は楽しくなくなってしまったのでしょうか。もしかして、小学校の頃、先生の言うことを聞かずに宿題をサボったのでわからなくなっちゃったからだとか、自分の頭が悪いせいだとか思う人がいるかもしれません。最初の理由はちょっとあたっていることがあるかもしれません。新しいことを覚えたりできるようになったりするためには「経験(練習)」を重ねることが必要ですから。でも、二つめは全然違います。なぜかというと、これも「食べる」から考えるとわかります。おいしい料理や好きなメニューは楽しく食べられるけれど、そうでないと食べることが楽しくなくなってしまうでしょ。例えば魚や野菜、肉といった一つ一つの食材にはそれぞれ匂いや味の特徴があります。調理のプロは、食材の組み合わせや調理の仕方を工夫して、食材のいいところを引き立たせ、一方で欠点を補って個性豊かなおいしい料理に仕上げていきます。キャベツという野菜一つとっても、お好み焼き用とトンカツに添える千切りキャベツではキャベツの種類も切り方も変えるのです。これが調理の工夫です。どんなに新鮮な食材を使ったとしても、その食材の特徴をよく理解し、さらに食べる人の事情にあった調理ができていなければ、おいしいという実感を与えることはできません。中学生が学ぶ教科の内容をどのように整理して生徒に示すのか、どのような活動を通して理解に結びつけていくのか、授業をする先生はそのことを考えて計画を立て準備をして授業に臨んでいます。調理のプロが食べる人によって調理の仕方を工夫するように、先生もクラスの雰囲気によって教材(調理のときの食材にあたります)や方法を工夫して授業に臨みます。授業とは、学ぼうとする生徒とわかりやすく教えようとする先生の両方の共同作業なのです。一章の「自分の疑問、授業中の質問は他の人も救われる」に登場したトモヤ君と数学の先生のやりとりはそのことを表しています。

それからもう一つ、せっかくおいしい料理が出ても、それを食べるときにどれだけ早く食べたかやどれだけたくさん食べたかで人と比べられて、エライとかダメとかいちいち言われていたら食べるのがイヤになってしまいます。勉強の場合もそれと同じです。勉強の仕方が自分にあっているかどうかはもちろん、「早く正確に」だけで誰かと比べられてダメ出しをされていったらきっとイヤになってしまいます。面白かった勉強が面白くなくなってしまうワケが、なんとなくわかっていただけましたか。学ぶということは本来いっぱい間違いをしながら、経験(練習)を重ねて身につけていくことなのに、学校の先生やお父さんお母さんたち大人の中には、少しでも早くムダなくたくさんのことを身につけてほしい、と考えてしまう人がいるために子どもにもそういう勉強をさせてしまうのです。

「知りたい」「聞きたい」「見たい」という勉強大好きだった小さい頃は、自分のペースでゆっくりと学ぶことができたのに、今はそれができなくなっている。そのことで自分は勉強が苦手だ、学ぶことが嫌いだと勘違いしてしまっているのかもしれません。だから今勉強が嫌いだと思っている人だって、自分にあった条件さえ整えば必ず面白く学べるし必ずできるようになります。誰かのやり方やペースと比べたり誰かにあわせたりするのでなく、失敗しても気にしないで、自分にあったやり方とペースで、できるようになるまでトライしていくことが大切なのです。そうすれば、わかった、できたという実感が持てます。そして、「できたね!」「がんばったね!」って誰かに声をかけてもらうことができれば、ちょっと嬉しくなって自信につながります。そうなると学ぶことが面白くなって練習することが楽しくなってきます。知識や技術が身についてくると自分にあった学び方や練習の仕方も工夫できるようになります。どうです。いいでしょう。

「ボクが今興味を持っていることはあるけれど、それでは大人は誰もほめてなんてくれない。やっぱり学校の勉強でなくちゃ」という声が聞こえてきそうです。確かに学校の教科の勉強以外だと、いくらできるようになっても、それだけではほめてもらえないということはあります。だったら、学校の勉強も「自分にあったやり方」で「自分のペース」に乗っけちゃいましょう。自分にあったやり方で勉強すれば誰でも必ずわかるようにできるようになる。

そう聞けば、その「自分にあった方法は何か」を知りたくなりますね。でも残念ながら全員に共通の「これだ」というものを示すことはできません。一人ひとり違うからです。だから自分なりの「これだ」に気づいて勉強のペースをつくる方法を見つけていくことが必要です。

ここでは次のことだけをしっかり押さえておきたいと思います。それは、学校の勉強がわからないのは自分がダメだからじゃない。勉強が楽しくないのは自分がダメだからじゃない。だから「どうせボクなんか」って決めつけたりしないこと。そして、できなかったことができるようになり、勉強が面白くなっていく道は誰にでもあること。ダメな子なんて一人もいないんです。

✦学びは新しい出会いをつくること！　すべてはそこから

今、この本を読んでいるあなたは、当然のことながらすでに文字を読むことができます。つまり、文字というツールを使って書いた人の伝えたい思いを読み取ることができ、自分の考えを他の人に伝えることができます。ところがずっと昔、誰もが文字を学ぶことができなかった時代には、文字を書いたり読んだりすることができるのはごくわずかの人だけということがありました。そのときは、きっと「字が読めたらいいのにな」「手紙が書けたらいいのに」「もっと学びたいのに」という思いの人もいたことでしょう。字が読めなかったら、新聞や本から情報を得られませんし、法律や規則を知らなかったら損をしたり、ひどい目にあうことだってあるかもしれません。字が書けなかったら、選挙の投票で名前を書くこともできないし、結婚したときの届けとか子どもが生まれたときの届けも出せません。自分で自立して生きていこうとしたらとても不便で、いつも誰かそばにいて代わりにやってもらわないと生活できなくなってしまいます。かつて読み書きできない人がほとんどという時代があったということや、今もそんな人が現実にいることも知っておいてほしいと思います。時代劇なんかに出てくる、文字が読めないばかりに悪いヤツにだまされてひどい目にあったという話は、日本だけでなく世界中にあったことであり、今も現実に起きています。そして、今ではほとんどの人にとって当たり前のことになっている「読み書きの力」は、自然に身についた力ではなく、それぞれが自分で勉強することによって身につけた力です。

「中学校卒業」の価値は卒業証書という一枚の紙にあるのではなく、「読み書きの力」をはじめとした社会人として生きていくために必要な力を身につけるということなのですね。

✦学校って行かなくちゃいけないの？

ところで、学校は子どもにとって必ず行かなくてはならないところなのでしょうか。日本の法律では満六歳の四月から一五歳の三月までの九年間を学齢といって、大人は自分の子どもを学校に通わせなければならないことになっています。そうするとやっぱり学校に通うのは子どもの義務なのでしょうか。

結論を先に言ってしまうと、学校は子どもにとって必ず行かなくてはならないところ＝義務なのではなくて、誰もが行ってそこで成長できるように準備されているところ＝権利なのです。

「本当は義務じゃなくて権利……」なんて言われてもねって感じ。やっぱり学校って行くのが当たり前で、行かなくちゃいけない。義務なのでしょうか。

こうなると私たちの国の最高法規、日本国憲法に登場していただかなくてはなりません。憲法にはこう書かれています。

「第二六条① すべて国民は、法律の定めるところにより、その能力に応じて、ひとしく教育を受ける権利を有する。

② すべて国民は、法律の定めるところにより、その保護する子女に普通教育を受けさせる義務を負ふ。義務教育は、これを無償とする」

確かに、憲法は「国民は……教育を受ける権利を有する」として、教育を受けることは権利であり、「国民は……保護する子女に普通教育を受けさせる義務を負ふ」として、保護者には子どもに普通教育を受けさせる義務があると言っています。そうしたら学校に行かない子どもの保護者は義務違反で罰せられてしまうのでしょうか。だったらやっぱり子どもは学校に「行かなくちゃいけない」ことになってしまいそうです。でもそうではありません。これは「親の事情で子どもを学校に行かせないということをしてはならない」ということです。子どもはどの子も一人残らず、みんな「学ぶということを最優先して保障します」と国として約束しているのです。だから、親にお金がないからといって自分の子どもを学校にやれないなどということがないようにするために、国などが費用を負担するという約束もしています。憲法の「義務教育は……無償」という言葉には、本当はそういう意味がこめられているのです。

✦勉強嫌いのユキヤ君が勉強を始めたワケ

「じゃあ、学びたくなければ学校に行かなくてもいいんだね。オレ勉強したくないもん」という子がいたらどうでしょうか。ずいぶん前のことですが、普段から授業に関心を示さないユキヤ君が、だんだんと学校にも来なくなっていったときのことをお話ししてみたいと思います。

ユキヤ君は、小さい頃からひょうきん者で、活発で、遊びの天才。それも、コンピュータゲームなどよりも直接身体を動かしたり、遊び道具を自分でつくったり改造して遊ぶのが得意でした。学校では、活発なのがすぎてつい乱暴なことをして、先生に叱られることもたびたびありましたが、優しいところもいっぱいあったのでみんなの人気者でした。でも両親は家の仕事に追われていて、ユキヤ君には関われず、家庭学習の時間はありませんでした。学校から帰るとほとんどの時間は外で遊んでいました。小学校の先生からも「ちゃんと勉強しないとね」と言われてきたのですが、結局勉強とは無縁の状態で、そのまま中学生になったのです。

そうなると、中学の授業で新しく習う英語や数学にはとてもついていけません。国語も話すことならいいのですが、本を読んだり漢字を書いたりするとなると難しくなってしまいます。小学校の頃は、活発でひょうきんというキャラだけでみんなから認められていたけれど、中学では、読み書きや算数の足し算引き算も十分にできないユキヤ君に、授業中の出番はほとんどありません。授業中にウケねらいで面白いことを言っていると、最初の頃はみんなも笑ってくれましたが、勉強がだんだん難しくなってくるとみんなの反応もイマイチ。放課後のサッカー部の活動の他には、自分の存在をアピールできる場はなくなっていきました。内容がさっぱりわからない授業。授業中はじっと静かにして休み時間を待つだけという生活が耐えられなくなっていって、時々学校を休むようになりました。卒業した先輩と仲良くなって、無免許でバイクを乗り回したりタバコをすうようになったりして、学校に来ない日も増えていきました。小学校時代の学習内容がほとんど身についていなかったため、この頃には中学校の数学や英語の授業はちんぷんかんぷんの状態でした。

これでは毎日の学校生活は辛かったと思います。学校は楽しいところだとは言っても、一日のほとんどは授業=勉強ですから。三年生になって進路を決めなければならないときになっても生活は変わりませんでした。先生のどんな言葉もユキヤ君の心には響きません。勉強しないとダメだよということは言われなくても百も承知。必要だったのは勉強してみようかなと思うきっかけと後押しだったのですが……。

このあともユキヤ君は勉強へと気持ちが向くチャンスを得ることなく中学校を卒業。その後、暴力事件を起こして少年院での生活も経験しました。幸いなことに少年院を出て社会復帰してからは、ユキヤ君のことを応援してくれる工務店の親方に出会い、親方のもとで大工の修行をします。結婚して父親にもなりました。大工として自立していくには、技術を身につけるだけでは足りません。見積書をつくったり税金の届けをするなど数字を使い、文章を書き、英語の商品名も読めるようにしなければなりませんでした。詳しいことは話してくれませんでしたが、大工仕事を覚えながら通信制高校にも通ったということでした。さぞかし大変であっただろうと思います。そして、今は工務店を経営するまでになり、これまで自分がしてもらったように、同じような経験をした子どもたちの面倒を見ているそうです。

ユキヤ君は、いい人に出会い、自分にあった仕事を見つけ、その中で学ぶ意義を見いだすことができました。そして、今自立した幸せな生活を送っています。ユキヤ君が、もっと早いうちに、学びたいと思い、ゆっくりとでも学習を続けていたら……と思わなくはありません。しかし失敗や回り道をして、気がつくこともあります。でも、学び始めるのに遅すぎるということはないし、自分の足で歩いたこれまでの人生にムダなものは一つもないことをユキヤ君は示してくれました。

幸福に向かって生きる権利と学ぶ権利

誰もが持っている知りたい・聞きたい・見たいという好奇心は、学びや挑戦へと向かわせるエネルギーです。その学びや挑戦が、できた・やれたという自分の達成感と、がんばったねという周囲の人の評価になって返ってくれれば、次の学びや挑戦へと向かうエネルギーが生まれます。達成感と周囲の評価、この二つが私たちを学びへと向かわせる原動力です。言い換えれば、それは自分という人間をさらに向上させたいという思いと、誰かに必要とされる存在になりたいという思いです。最初の方を自己実現の欲求、後の方を承認欲求と言ったりもします。それは一言で言えば誰もが持っている「幸せになりたい」という願いと深く関係していると私は考えています。

先ほどのユキヤ君の場合は、家庭を持ち自立して生活するようになって、家族との生活を支えるためにと考えるようになったときに、同時に家族とともに「幸せになりたい」と思ったときに学ぶ必要性が見えてきました。つまり、学ぶことの意味は「生きるために」ということだけではありません。読み書き計算だけではなく、絵が描けるようになったり、楽器が弾けたり、縫い物ができたり、料理がつくれたり、自分の思いを表現して人に伝えたりと、学ぶことはどれも自分の人生をより豊かにしてくれることばかりです。学ぶことによって知識が増え、できることが増えれば自分自身も充実感を味わえるばかりでなく、周囲の人を幸せにすることもできるのです。学ぶこと、学び続けることは自分の人生を生きる上で多様な意味を持たせてくれることなのです。もちろん、生きていればうまくいかないことや失敗することもあるでしょう。でも、そんなときも、学んだことがそれを乗りこえる力になって、「幸せになりたい」と願う日々を支えてくれるはずです。

✦誰もが「幸せ」に向かって生きる権利がある

ここでは「幸せって何か」についてもう少し考えてみることにしましょう。また憲法の話になります。憲法は「国民が幸せになりたいと思う気持ちを国は応援します」という意味のことを、次のような言葉で私たち国民に約束しています。

「第一三条　すべて国民は、個人として尊重される。生命、自由及び幸福追求に対する国民の権利については、公共の福祉に反しない限り、立法その他の国政の上で、最大の尊重を必要とする」

これは、幸福追求権＝幸せに向かって生きる権利と言われます。憲法はどうして国民に幸福な「生活」ではなく幸福「追求」を保障しているのでしょうか。幸せになりたいと思うのはあなたの勝手だけれど幸せになるかどうかは自己責任ということなのでしょうか。そうではありません。それは、何を幸福と感じるか、幸せのカタチは一人ひとりによって違うからです。全くの他人はもちろんのこと、たとえ親子であったとしても、自分以外の人の幸せのカタチを「あなたにとっての幸せはこれだ」って決めることはできないのです。人生の進路を自分で選び、幸せという目標に向かって歩いていくのは一人ひとりに与えられた権利であると、私たちの国の憲法は国民に約束しているのです。そのために私たちは、いろいろな体験をしてそこから学び、自分を知り、社会を知り、人と関わる力を身につけて、困難を切り拓くための力を身につけなければなりません。大人になったら「社会の荒波を泳いで渡らなくてはいけない」と言う人がいます。それは、荒波の様子を見極める力や困難に負けずに泳ぐ力を身につけないとおぼれてしまうだけでなく、どこを目指して泳ぐのか決めるのも自分自身なんだということを意味しています。そうしないと自分の人生は誰かによって決められ、意志も行動も誰かによって決められてしまいます。これでは、「鉄腕アトム」ではなく「鉄人28号」です。

「それはイヤだ！」と思う人はきっと多いでしょう。どうしたらいいかは、ここまでのところでも語ってきました。そう、今あなたが学校で学び体験している一つ一つのことが、あなたの進路を支える力になるのです。

ユネスコ学習権宣言

学びの大切さと意味については日本の国の憲法だけでなく、国際連合(国連)の中でも語られています。
ユネスコ(UNESCO)は、国際連合教育科学文化機関といって「国際連合教育科学文化機関憲章(ユネスコ憲章)」に基づいて一九四六年一一月四日に設立された国際連合の専門機関です。一九八五年一一月四日に開かれた第四回ユネスコ国際成人教育会議(パリ会議)で採択された宣言が「ユネスコ学習権宣言」とよばれています。学ぶことがなぜ権利なのかが示されています。ちょっと難解なところもある文章ですが関心のある人は、ぜひ一度全文を読んでみて下さい。ここでは冒頭部分を紹介することにします。

(略)

学習権とは、
読み書きの権利であり、
問い続け、深く考える権利であり、
想像し、創造する権利であり、
自分自身の世界を読みとり、歴史をつづる権利であり、

あらゆる教育の手だてを得る権利であり、
個人的・集団的力量を発揮させる権利である。（後略）

（『改訂　ポケット版　子どもの権利ノート』子どもの権利・教育・文化　全国センター発行より）

私はこのユネスコ学習権宣言のポイントをこんなふうに読み取っています。

①学ぶことはすべての人に共通の人間としての権利です。

②学ぶとは、読み書きができるようになることです。なぜ？　どうやれば？　と問い続け、深く考えることができるようになることです。想像し、創造することができるようになることです。自分と社会を理解し自分自身の人生を自分で選んで切り拓き自分の歴史をつくることができるようになることです。

③学ぶことは、今人類が解決を迫られている様々な問題、例えばエネルギー・環境問題、貧困や国と国との争いという問題を克服して、健康で平和で豊かな生活をつくるためにどうしても必要なことです。それは個人の問題ではなく人類の生存発展にかかわることです。

④学ぶことはすべての人がもっている「自由でいたい」「幸せに生きたい」という願いにかかっていくために必要な権利の一つです。自由とは自分の運命を誰かによって決められ、

それに従わせられるのでなく、自分の意志で決められることです。幸せとは、こうして自分の意志で可能性に向かって足を踏み出し可能性を拓いたときに感じとることができます。

⑤自分の生きる社会や人生を誰かによって決められ、誰かの意志に従って歩かされる鉄人28号(客体)ではなく、この社会と自分自身の歴史を自らの意志でつくる鉄腕アトム(主体)になる、それは学ぶことによって初めて可能にすることができます。

いかがですか。日本の憲法のところでは、「自分の幸福に向かって」という切り口で学ぶ意味をお話しし、ユネスコ学習権宣言では「この社会をつくる主人公になるために」という意味があることをお話ししました。実は憲法も「一人ひとりがこの社会の主人公だ」と言っていて、それは憲法の三原則の一つとなっています。三年生になると社会科(公民)の授業でも勉強しますが、ユネスコ学習権宣言も述べているように、社会の主人公になることは学習すること抜きには実現できないのです。

なんだか難しそう……。この社会をつくる主人公ってどういうこと? 私は政治家になんてなる気ないし……って思った人もいるかもしれませんね。でも、みんな政治家になれなんて言っているわけではありません。一部の政治家の人たちに任せきりでいると、その人たちが判断を誤ったときに、私たちの国やこの地球は大変な危機に陥ってしまいます。そうならないようにしていく権利と責任が一人ひとりにあり、そのためには学ぶことが必要だと言っています。

マララ・ユスフザイという名前を聞いたことがありますか。二〇一四年に史上最年少の一七歳でノーベル平和賞を受賞したパキスタンの少女の名前です。

一一歳のマララは、ある日お父さんの友人のイギリス人ジャーナリストから、日々のできごとを書いて発信してはどうかと言われ、見たこと聞いたことをブログに書いていきました。もちろん本名でなく「グル・マカイ」というブログネームで。マララのお父さんは女子校を経営していて、マララはしっかりとした教育を受けていたので考える力が育っていました。ブログネームを使った秘密のブログ発信でしたが、マララは武装勢力に狙われるようになり、ある日マララの乗ったスクールバスが襲撃されて銃で撃たれたのです。一命をとりとめたマララは、国連でスピーチをします。スピーチは国際連合広報センターのホームページ(http://www.unic.or.jp/news_press/features_backgrounders/4790/)で読むことができるのでそちらにゆずりますが、その中から彼女の言葉を一つだけ紹介します。

「親愛なる兄弟姉妹の皆さん、私たちはあらゆる子どもの輝ける未来のために、学校と教育を求めます。私たちは平和と教育を目指す旅を続けてゆきます。誰も私たちを止めることはできません。私たちは自らの権利を求めて声を上げ、その声を通じて変化をもたらします。私たちは言葉の力と強さを信じています。私たちの言葉で世界を変えることができます。（略）一人の子ども、一人の教師、一冊の本、そして一本のペンが、世界を変えられるのです。教育以外に解決策はありません。教育こそ最優先です」

マララは、子どもから大人まで世界中のすべての人に、人間として生きるためには学ぶことが大切だと訴えているのです。

今の私たちの国、日本は、マララの子ども時代のような状況ではなく、憲法が約束した一人ひとりの人権が尊重される平和で自由な国です。でもその平和と自由は、何もしないでいてもずっと維持され続けるということではありません。国民みんなが「そのことが大切だ」と考えて憲法の考え方を支えていく必要があります。そうしないとこの考え方はいつか失われてしまう恐れがあるからです。そのことを憲法は一二条で「この憲法が国民に保障する自由及び権利は、国民の不断の努力によつて、これを保持しなければならない」として、この「自由と権利」をいつまでも守り続けるために知恵と力を発揮することを国民に呼びかけています。そのために必要なのが学ぶことなのです。自分が不当な扱いを受けることがないよう、自分を守るために学ぶ、自分の幸せに向かって生きるために学ぶ、愛する人そして世界を不幸にしないために学ぶということです。今、中学生であるあなたが毎日毎日経験し積み重ねている一つ一つのこと、教科に限らず、部活でも、学校や学年の行事、学級の活動でも……、どんなことでもすべてがそこに結びついている意味のある学びなのです。もちろん「未来への準備」だけでなく、学ぶことで「今が楽しく」できれば最高ですね。食べることが身体をつくりエネルギーを蓄えるという「未来」のためだけでなく、「おいしいから、食べたいから」という「今」のためでもあるように。

4章

進路を拓く，人生をデザインする

中学生にとって避けることのできない大きな課題、それが「進路を拓く」という課題です。つまり、卒業したあと自分はどんな道を進むのかを、自分で決めて自分の力で切り拓いていく、未来への挑戦です。「進路を拓くってどういうこと?」「高校受験のことなの?」。もちろんそれも含みますが、志望校の入学試験に合格するということだけではありません。だって入学試験に合格するかどうかなら、小学校時代に「中学受験したよ」という人もいるでしょ。中学生の経験する「進路を拓く」という挑戦はもっと奥が深いんです。小学生のときには「卒業したら中学生」という形で全員同じように決まっていました。それに対して中学生の場合は、卒業後のことについては基本的にまったくの白紙。何も決められておらず、すべてこれからだからです。それは希望する高校に進学できるかどうかということではなく、それ以前に、高校生になれるかどうかだって保障されてはいません。卒業したらどうするか、中学生はそれを周りの人たちの助けを借りながら、自分で決めて自分で切り拓いていくしかないのです。

子どもは誰でもやがて大人になって社会に出ることになります。そのための準備として必要なことをみんなが身につけられるようにと、憲法は国民に「普通教育」を約束しています。それが「義務教育」の保障ですが、その保障期間は中学を卒業した段階で終了します。中学を卒業してしまうと、そのあとは一人ひとりが自分の希望と条件に合わせて進路を選択することになるのです。言い換えれば、小学校六年生のときは「来年の今頃は中学生になっている」と誰もが言えたけれど、中学三年生の場合は「たぶん来年の今頃は高校生になっているはず」とは言えても「高校生になっている」とは言えないのです。それぞれが自分で自分の進路の目標を決め、そこに向かって挑戦して道を切り拓いていく、それは他の誰にも代わってもらうことのできない、自分の力で乗り越えるしかない初めての体験です。ですから、とても不安で大きな挑戦課題です。「えぇ〜大変そう、ボクにできるかな」ですって。そう、確かに不安で大きな課題ではありますが、でも大丈夫。みんなそれを乗り越えて大人になってきたし、あなたも必ず乗り越えていくことができます。それにこの挑戦は、「なりたい自分」に向かって足を踏み出すという希望への一歩です。そう考えるとワクワクしてきませんか。この章では、中学校三年間で培った人生の土台に立って、中学校卒業後に延びていく自分の人生、それをデザインするためのヒントについてお話しすることにします。

✦今の世界に一人だけの……

有名人の「そっくりさん」が登場するテレビ番組を観ると、よく似た人がいるものだと感心します。「世界には自分によく似た人が三人いる」なんてことも言われていますね。その理由を、「髪や目、肌の色といった見た目の特徴を決定する遺伝子の数が限られているからだ」などと説明する人もいます。関心のある人には本当にそうなのか追究してもらうといいのですが、たとえ自分にうり二つのそっくりさんであったとしても、自分とまったく同じという人間はこの世に一人もいません。それは例えば双子の姉妹でも同じ人間ではない、まったくの別人です。

私の友人に一卵性双生児姉妹のお姉さんがいます。子どもの頃から顔も声も話し方もうり二つとのことでしたが、五〇歳を超えた今でもそっくりなんだそうです。あるときバス停でバスを待っていたら、そこにその「友人」がいてお友だちとおしゃべりしているのです。しばらく会っていなかったので懐かしくなって声をかけようと思ったのですが、聞こえてきた会話の内容がどうも別人のように感じられたので思いとどまって、「友人」に確認のメールをしました。そうしたら、すぐに返事が返ってきました。「それは私の妹です。今日そこに行くと言っていました」と。同じ親からほぼ同時に生まれ、同じ家で同じように育てられた二人でした。でも、だんだんと関心を示す分野が違ってきます。やがて、お姉さんは生物学に興味を持ち理科系の大学に、妹さんは文学に興味を示して文科系の大学に進みました。そこでそれぞれ違う人たちとの出会いがあって、そして今、それぞれの家族を持つようになっています。今世界の人口は七三億人と言われ、二一〇〇年には一〇〇億人を超すだろうと言われています。こんなに人がたくさんいても、誰一人として自分と同じ人間はいない、世界中にたった一人のかけがえのない存在が「自分」、そして、今の自分の歩みというのは世界中でたった一つしかないドラマなのだということを改めて感じさせてもらった経験でした。

歴史の中で一人だけの……

さっきは、今世界中にいる七三億人のうちのたった一人だけの自分について話をしましたが、今度は人類が誕生してから今日までに……というお話です。地球が誕生したのは四六億年前と言われています。それから、原始生命が誕生し生物進化を経て哺乳類(ほにゅうるい)が地球上に現れるようになります。そして人類の先祖が登場するのが二〇〇万年ぐらい前と言われています。

この辺のお話が面白そうだなって思った人は、社会科や理科の授業にも登場すると思いますので楽しみにしていてください。「えっ、じゃあ何の話なの」って？　まぁ、急がず慌てず、もう少し辛抱してつきあってください。

『サザエさん』（長谷川町子、朝日文庫）というマンガがあります。一九四六年に連載が開始され、一九六九年からはテレビアニメになって今も続く人気番組です。このサザエさんを題材にしてこんな授業をしたことがあります。

「タラちゃんって知ってる？　サザエさんの子どもだよ。じゃあ、タラちゃんのお父さんは？」

「フグ田マスオさん！」

「では、サザエさんのお父さんは？」

「磯野波平！」

「お母さんは？」

「磯野フネ！」

生徒たちに、登場人物たちの家族関係を聞いていきます（図2）。タラちゃんにはサザエさんとマスオさんという二人の親がいて、サザエさんにも波平さんとフネさんという二人の親がいます。あなたの場合はどうですか？　自分といういのちが生まれるためには必ず二つのいのちが必要です。自分のいのちをこの世に誕生させてくれた二つのいのちにも、またそれぞれ二つのいのちが必要。こうして遡(さかのぼ)っていくと、自分にはいったいいくつのいのちがつながっているのでしょうか。もう少し続けてみることにしましょう。

　マスオさんのいのちがつながるフグ田家は大阪にあって、サザエさんの磯野家は九州、お母さんのフネさんは静岡。これは、調べてみると出ていますが、みなさんの場合はどうですか。おうちの人に聞いてみるといいですね。

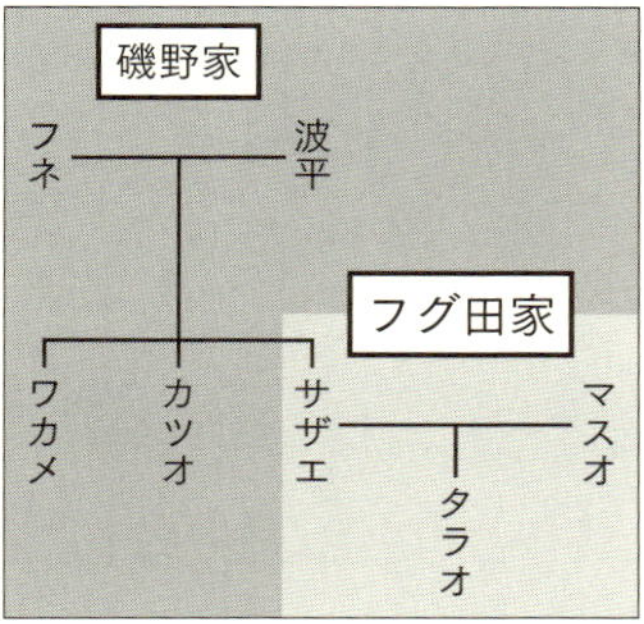

　タラちゃんにも、サザエさんにもお父さんとお母さんがいて、そのおじいちゃん、おばあちゃんにも親がいます。サザエさんの作者長谷川町子さんはそんなことまでちゃんと考えて作品をつくっていたのですね。あなたの場合も、そのいのちのつながりを遡ることができます。では、遡っていくと、あなたのいのちにはいったい何人のいのちがつながっているんでしょうか。やってみましょう。紙と鉛筆を出してください。お

磯野家
波平
フネ
フグ田家
マスオ
サザエ
カツオ
ワカメ
タラオ

図２　磯野家の家族関係

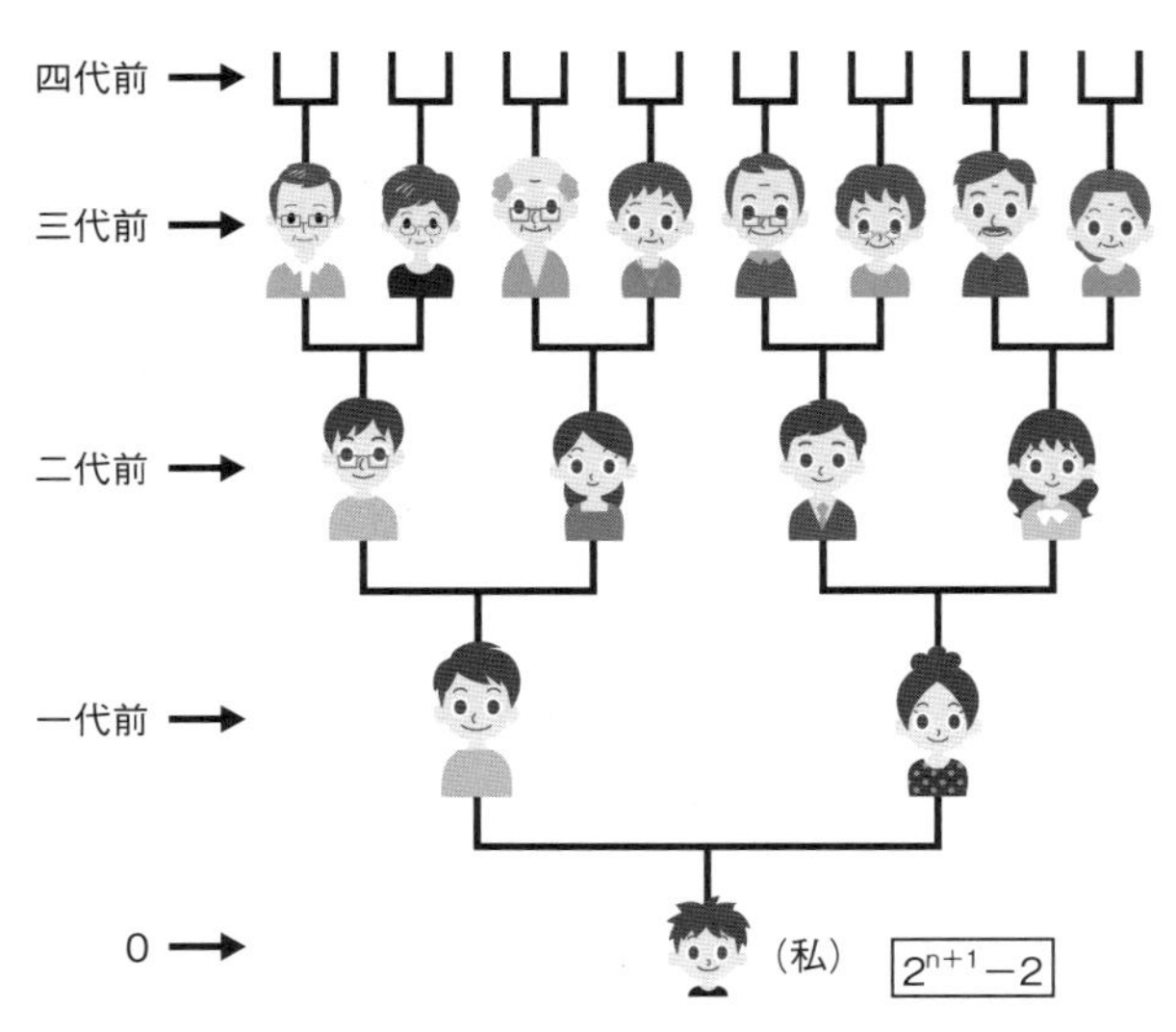

図3　私につながるいのち

じいちゃんおばあちゃんは、お父さんとお母さんにそれぞれ一人ずついるから合計四人。そのお母さんだと、お母さんとお父さんそれぞれにお父さんとお母さんがいて……。こんな感じで図を描いていきます。四代遡ると何人の人がつながっていることになると思いますか？

　一代前で二人、二代で四人、三代だと四人×二で八人……。そう、「×2」を繰り返していけばいいんですね。でも、自分につながっている人の合計は三代で八人ではありませんよ。だってそうでしょう。ひいおじいちゃんやひいおばあちゃんが全員いたとしたって、その子どもであるおじいちゃんとおばあちゃんが出会っていのちをつなげなければ、お母さんとお父さんは生まれません。だから、私のいのちにつながる三代までの合計人数はお父さんお母さんの二人と、おじいちゃんおばあちゃんの四人、それにひいおじいちゃんひいおばあちゃんの八人をたした合計、つまり一四人ということになります。じゃあもう一代遡ったら……。それまでの一四人に一六人をたした数、三〇人です。この三〇人のうち、もしも誰か一人でもいなかったら、また次のいのちをつくる「お父さん」と「お母さん」になる人が出会わなかったら、今こうしてこの本を読んで、ものを考えている自分はこの世に生まれてくることはなかったのです。こんなふうにして、どんどん考えていくとすごいことになります。江戸時代の終わり頃に活躍した西郷隆盛や坂本龍馬のことは知っていますね。その頃まで遡るとどうでしょう。江戸時代の終わりから今まで一五〇年。子どもが生まれるのが二五歳と考えて一五〇を二五で割ると、六。六代まで遡る計算は……、自分で挑戦してみてください。答えは一二六人です。この一二六人のうち誰か一人でも欠けていたら今の自分は存在しないということなんです。すごいと思いませんか。やがてあなたが親になったとすると、その子につながるいのちは、あなたの結婚相手の分も合計され、そこにあなたとあなたの結婚相手の分も加わるから、一二六人の二倍、で二五二人、それたす二人だから二五四人ということです。同じようにその一人でも欠けていたら、そのいのちは生まれてこないってことです。人のいのちってその人だけで存在しているものじゃないんですね。もうちょっと続けますが、「わー！　計算めんどくさい。頭ゴチャゴチャだ～」っていう人は「なんとなくすごい数」って思ってもらえればオッケーです。

　実際にはn代まで遡ったときの「登場人物」の総数は「$2^{n+1}-2$」で計算されます。徳川幕府の最後の将軍は一五代慶喜（よしのぶ）ですが、もし親子のつながりが一五代続いたとすると「$2^{16}-2$」ですから、一五代目が生まれるためには実に六万五五三四人が関係していて、途中一人でも欠けていたら一五代目は生まれないことになります。縄文時代まで遡って数えたら、その数はいったい何人になるのでしょうか。仮に二〇年ごとに子どもが生まれるとして、遡る五〇〇〇年を二〇で割ると二五〇。これを「$2^{n+1}-2$」のに当てはめるとnのところに二五〇を入れればいいのだから、計算式は「$2^{251}-2$」です。この答えは二のあとに〇が七〇個以上もつくような数ですが、元気があったら計算に挑戦してみてください。大体の数なら高校で数学を勉強するとすぐに求めることができますよ。

　さあ、こんなにたくさんのいのちがつながって、今の自分がここにいるのですが、そのつながりの中で、自分と同じ人間はただの一人もいない、それを考えてみてください。今この瞬間、世界中のどこにも自分と同じ人間はいないし、自分のいのちにつながるたくさんのいのちの中にも自分と同じものは他に一つもない、つまり、昔も今もこれからも世界中でオンリーワンだということです。そして、その世界とこの地球の歴史の中でオンリーワンのいのち(自分)が歩んでいく人生は、世界で一つだけのドラマでそのドラマの主人公は自分で、そしてさらにその人生ドラマのシナリオを書くのも主人公の自分だということも忘れないでほしいと思います。私はそれを「自分の人生をデザインする」と言っています。これからそのことを考えていきたいと思います。

✦つながってはいても親とは違う特別な自分

たくさんの人のつながりの最先端の存在として生まれ、ここにいる今の自分というオンリーワンの存在の貴重さを感じとってもらえましたか。「血がつながっている」あるいは「血を分けた親子」などとよく言われますがそれはこのことなのです。でも、子どもがオギャーと生まれる前に、お母さんのお腹の中でお母さんの栄養をもらいながら生活していたからといって、そのときにも決してお母さんと同じ血液が流れていたわけではありません。だって、お母さんの血液型がA型で、お父さんの血液型がB型、そして子どもの血液型がO型ってことも普通にあります。「血がつながっている」というのは、親と同じ血液が流れていることではありません。では、どういうことなのでしょうか。ざっくり言うと私たちの「いのち」はお父さんの「いのち」とお母さんの「いのち」から半分ずつもらうことで始まっているのです。私のいのちにつながる「いのちの元」は実は「遺伝子」と呼ばれるものです。このお話の最初にもちょっと登場した言葉で、聞いたことがある人も多いと思います(これは中学の理科や保健の授業でも登場すると思うのでしっかり学んでください)。

「えーっ、じゃあ親からどんな「いのちの元」を引き継いだかで私の人生って決まっちゃうの」って思った人、決してそんなことはないんですよ。例えば、陶芸の職人さんが焼き物の茶碗をつくるとき、同じ粘土を使っても焼き方や温度、季節や天候などによってできる茶碗はまったく違ったものになるでしょ。それと同じで、「いのちの元」が決まったからといって、どんな人間になっていくかは、その後どんな生活をするかによってまったく違ってくるのです。「体験すること」「学ぶこと」が大切な理由はそこにあります。親から受け継いだ「いのちの元」によって、確かに親と似ているところはたくさんあったとしても、自分は親と同じではないまったく別の個性を持った存在であることも意味しています。自分は自分なんだという意味の重さを感じとってもらえたらと思います。その上で自分の人生をデザインしていくことになります。

自分の人生をデザインする

人生をデザインするなんて言われてもねぇ、そんなのまだ考えられないよ……って思っている人、いるんじゃないかな？　それはそうです。今すぐこれからの人生を決めなさいってことじゃないんです。でも、いつかは判断をしなければいけないときがきます。だって、自分がどんな職業に就くとかどこに住むとか、誰と結婚するとかしないとかを決めるとき、自分以外の誰かに決められてしまうなんてイヤでしょう。自分で決めたいですよね。それが人生をデザインするっていうことです。そしてそれは、自分の幸せに向かって歩き出すことでもあります。中学生は三年生になるとそのはじめの一歩、「進路を拓く」という課題と必ず向き合うことになるのです。だから少しずつ考え始めましょう、そしてそれを考えるときの土台になることを身につけていきましょう。

「デザインする」と言っても、今の段階でこれからの自分の人生の予定表をつくれっていうことではありません。例えば、中学校を卒業したら○○高校に行って、そこで得意な陸上競技をやって、高校総体でベスト四に入る。大学にはスポーツ推薦で入りオリンピックに出場して金メダル。そして○歳で結婚して子どもは二人、なぁんて……。たとえ今そんなこと考えたとしてもその通りにいくとは限りません。もちろん考えることもその夢に向かって努力することもとても意味のあることです。でも、進路を決めるにあたっては自分の希望以外にもいろいろな条件が関係し、その条件も変化していきますから常に修正されていくものです。いったん決めたら何があってもそのコースをまっすぐに進んでいくのが正しくて、そこから外れたら失敗や負けではありません。もちろん、みんなと同じコースを歩く必要もありません。そのときそのときで最善のコースを自分で選んで、その中で全力を尽くしていくことが大切なのです。

世界最高峰のエベレスト(チョモランマ)をはじめ七大陸最高峰の登頂に世界で初めて女性として成功した登山家の田部井淳子さんは、小学四年生のときに体験した山登りがその後、登山家になるきっかけになったと言っていたそうです。でも、そのときからずっと登山家になることだけを目指してきたわけではありません。大学では英米文学を専攻し、卒業後は学会誌の編集の仕事に就きました。社会人になってから山岳会に入り、そこから登山に夢中になっていって、登山家と言われる職業に就くようになったと言います。

田部井さんは目の前のことと向き合う中で、最終的に登山家への道にたどり着き、女性として世界で初めての偉業を達成することになったのです。そして、その途中で体験したことは、必ずしも登山の技術とか知識ということではなかったけれど、すべて活きているのだと思います。

私たちは生きていく中で、こうなったらいいなとか、こうなりたいなと願うことはありますがなかなか思い通りにはなりません。何度も予定通りにいかないことや予期しない新しいできごとに出会い、挫折感や成功感を積み重ねていきます。その中には、地震などの自然災害や家族の病気など、自分の力ではどうにもならないこともあります。それによって、これまでの生活や予定を変えられてしまうこともあります。そんなときは運命を恨み、ヤケクソになることだってあるでしょう。あとから振り返ってみて、あのときこうしておけばよかったと思い、もう一度そのときにもどってやり直したいと思うこともあります。

「そうだよ！　今度のテストは勉強がんばろうって思ってやってきたのに風邪引いて試験受けられなかったんだ。もうサイアク！」とか、「小学校の頃ちゃんと算数やっておけばよかった」とか、「中学一年生の初めから英語をまじめにやっておけばなぁ」なんて思っている人がいるかもしれませんね。でも、残念ながら私たちは時間を遡ることも、ゲームのようにリセットしてやり直すこともできません。けれども、そう思った今から新しくやり直すことならできます。何を大切にしてどんな新しい可能性に向かって進むのかを真剣に考えるんです。そんなとき、それまでに経験したこと、成功ばかりでなく失敗の体験も、すべてが未来に向かう歩みの土台になるのです。

✦何のために働くのか

人生をデザインする上で「働く」ということは避けて通ることのできないテーマです。そこで今度は少し「働く」ことについて考えてみることにしましょう。

あなたは、人は何のために働くんだと思いますか。まず、今仕事をしている大人に聞いてみましょう。そしたらどんな答えが返ってくるでしょうね。きっとこう答える人がいると思います。「何のためだって？　そりゃあ、働いてお金を稼がなければ生活できないだろ。生きるためだよ」、または「家族を食べさせるためだよ」って。そうです。あなただっていつまでも親や家族の世話になって生きていくわけにはいきません。やがては、親から独り立ちをして自分の力で生きていかなければなりません。そのためには働いて収入を得なければなりません。では、一人暮らしを始めるためにはいったいどれくらいのお金が必要なのでしょうか。そして、お金だけあれば一人暮らしができるのでしょうか。まず、そのことについて考えてみることにしましょう。

序章では、自分の頭で考えて責任ある行動をする自立について話をしました。今度は自分で収入を得て毎日の生活をしていく経済的自立について話をします。

あなたは、親や周りの大人から○○しなさい、△△してはいけないなどと言われるのがイヤで、「家を出て一人暮らしをしたい」なんて思ったことはありませんか。中学生ぐらいになると親の干渉を嫌うようになるのはよくあることです。そして、一人暮らしをしたいと思うのも当然のことです。それは、やがて独り立ちをするための準備活動と言えるかもしれません。ここでは、一人暮らしをするために何が必要になるか考えてみることにしましょう。

✦一人暮らしをデザインする

一人暮らしのために必要なものは何でしょうか。まずは住まいです。自分の住む部屋を探して引っ越しをしなければなりません。というわけで、まず部屋探しから始めましょう。新聞広告を見ると建て売りや分譲マンションは何千万円もするので、まずは賃貸アパートを探すことにしましょう。不動産屋さんの広告を見たりインターネットで調べると出てきます。

まずは、どこに住みたいかを決めます。学校とか、仕事をするところに近い方がいいですね。でも電車に乗るのなら○○駅の近くとか、歩いて何分まではオッケーとか、そんなことを考えながら探します。駅の近くには不動産屋さんがあって、いろんな情報があります。

調べてみると、そこには1R、1K、1DK、1LDK、礼金、敷金、共益費等と書いてあります。その他にも、保証会社加入、保証委託料……。「何のこっちゃ」と思う人もいるでしょうね。当然です。記号の意味について言えば、最初のR、K、DK、LDKは部屋のタイプ。あとの言葉だと、礼金は部屋を借りる契約をしたときに大家さんに支払う謝礼金、敷金は契約を解除して部屋を空けるときに元の状態に戻すための保証金です。そして共益費は、アパート等の共同住宅で、住んでいる人たちがともに利用している外灯やエレベーター等共用部分の維持・管理のための費用です。もちろん自分の部屋で使う分は、自分が契約して自分で払います。

エーッ、家賃以外にもいろんなお金がかかるんだね。おまけに、アパートから次の家に引っ越すとき元のように直さなくちゃならないの。じゃあ、お金がなかったら引っ越しもできないじゃん、なんて思った人もいるでしょうね。そうなんです。いろいろ知っておかなくちゃならないことがあるんです。それから、調べてみると、駅からの距離など立地条件によって家賃が違うことや、部屋の広さや築年数によって家賃が違うこともわかります。ちょっと次に、ある町のアパートの情報を入れたので見てください(図4)。

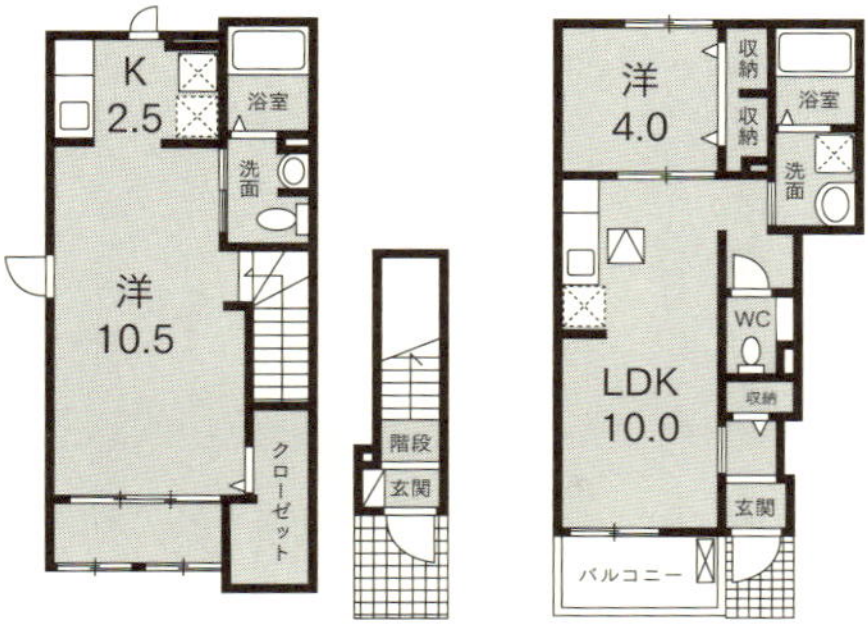

6.4万円／T駅徒歩15分／1K／敷金0円／礼金1カ月／共益費3500円／新築

7.5万円／T駅徒歩7分／1LDK／敷金0円／礼金0円／共益費3000円／築3年

図4　左は1K，右は1LDKの部屋

　どうですか。この二つの部屋、まず家賃を見てください。1K(左)は部屋一つとキッチン、1LDK(右)は、部屋一つと居間と食堂とキッチンという間取りを指します。1Kのアパートで六万四〇〇〇円ちょっと。これは、時給八〇〇円のアルバイトで八〇時間分にあたります。おまけに礼金一カ月が加わるとなると入居の月にはさらに費用が必要となります。部屋を決めるのも大変ですね。ま、とにかく部屋は決まったとしましょう。あとどんなものがあれば一人暮らしが始められるでしょうか。そうですね、キッチンやリビングのいろんな家財道具です。

「エアコン!」「ベッドとぬいぐるみがなくちゃ寝られなーい」「テレビは薄型で大画面がいい」「ソファーはそのまま寝られる方がいい」等々、いろんな声が聞こえてきそうです。

それらを買うのにお金がいるでしょう。「いくらぐらいかかるのかなぁ?」「リサイクルショップで買えば安いかなぁ?」そんな声も聞こえてきそうです。確かにそれも大切です。でも、その前にそれを置く場所はどうするんでしょうね。あれもほしいこれも必要……、だけど買うのにお金が必要なだけでなく、自分が決めた部屋に全部入るかどうかも考えなくてはなりません。新聞の折り込み広告や不動産屋さんにおいてある資料に、アパートの間取り図が出ていますのでほしい家具や調度品をどのように配置するかレイアウトしてみましょう。もし、入らなければどれかをあきらめるか、もっと大きな部屋に変えるかしなければなりません。大きな部屋に変えるとさらにお金がかかります。それと、荷物で部屋がいっぱいになってしまったら、自分が生活する空間がなくなってしまうので要注意。そのことも考えなくてはいけません。部屋代がいくら、冷蔵庫はいくら、洗濯機は？　あなたの考える一人暮らしを始めるために必要な資金はいくらになるでしょうか。

さあ、こうしてとにもかくにも部屋と家具は決まったとしましょう。そうしたら次は、生活を維持させるために必要なお金、日々の生活費の計算です。食費や水道・光熱費、病気になったり事故にあったときなど、「万が一」に備える蓄えも考え、自立して生活するためにいくらかかるかを予想してみましょう。今あなたの家の電気代はいくらかかっていますか。自分で予想を立てたあとで、おうちの方に見せてもらってください。お米がいくらするのか、お肉がいくらなのか、調味料など何が必要でいくらかかるか。携帯電話の料金などの通信費もばかになりません。あとは、どんなことにお金が必要でしょうか。家計簿の支出項目として使われるものを書き出してみると、住居費、食費、教育費、被服費(衣服や履き物)、交通費、水道光熱費、通信費、教養娯楽費(映画、コンサート、文房具)、医療費などがあります。それぞれについて、いくらぐらい必要か調べてみるといいと思います。

どうです？　一人暮らしに必要なお金はいくらぐらいになりましたか。毎日の生活のために必要なお金だけでなく、いざというときのための蓄えも考えると、いったい毎月どれくらいの収入が必要になるでしょうか。働くことでそれだけの収入を得る、世間の大人たちはみんなそれをやっているのですから大変なことですね。

今お話ししたようなことを実際に中学一年生の授業でやったら、とっても楽しい学習になりました。そのときに寄せられた感想を紹介します。

●一人暮らしを考えてみてとても楽しかったです。でも、その分難しかったです。もし本当に一人暮らしをしたら、このぐらい大変なのかと思うと、一人暮らしをしたくなくなりました。部屋に置くものを買うのも、どこに置くかも自分で決めなきゃいけないからです。私はいらないものも買ってしまうことがあるので、ちゃんとできるようになりたいです。

●この勉強をして、一人暮らしをすることはとても大変だということを知りました。自分で計算したら月収が最低限でも一六万円ないと暮らせないということがわかって、とてもびっくりしました。お金をムダに使わないように、きちんと考えて買い物をしたいと思いました。一六万円稼げるようにきちんと働きたいと思いました。

●最初にびっくりしたのは、今まで自分でまだ負担していない家賃や、電気、ガス、水道代についてです。まず、一つめの家賃については最初に自分で思っていた金額よりもはるかに高くて、これだったらまだ自立できない！　と思うほどびっくりしました。だから全額負担

している親はすごいなぁと思いました。また二つめの電気ガス水道代はお母さんに金額を教えてもらいました。そのときもまたびっくりしました。私は四人家族でたいした額じゃないだろうと思いながら見たら、一カ月に何万円もかかっていました。これで、お母さんがしつこく「電気を消しなさい」「水出しっぱなしにしない」などと言っている理由がわかりました。そして、この前お父さんの給料明細を見せてくれました。所得税や住民税などがひかれて受け取る金額は元の給料よりもすごく減っていました。お母さんはそんな苦しい中でもがんばって毎日三食用意していたりして、こんなことを考えると私はまだまだ自立できないなと思いました。

普段あまり気にしていないことでも、調べてみると「えぇっ!」と驚くことがあるものなんですね。是非一度やってみてください。

一人暮らしに必要なのはお金だけじゃありません。自立して生きるためには生活のための技術も必要。一人でやれなくちゃいけないこと、それを生活の「さしすせそ」と名付けましょう。

◇さ(裁縫)↓ちょっとしたほころびは自分で直せますか? ボタン付けぐらいは自分でし

てますか？
◇し（仕事）↓これからです。どんな仕事に就くのかな？
◇す（炊事）↓食事をつくって、食器を洗って片付けまで。自分でつくれる一週間分の献立を考えてみましょう。
◇せ（洗濯）↓洗って、干して、たたんで、アイロンかけて、決まった場所にしまう。やれていますか？
◇そ（掃除）↓部屋の片付けと掃除、自分のエリアはもちろん、お風呂やトイレの掃除は誰がしていますか。

どうですか。「し」の仕事は、社会に出てからということにしても、その他のことについては、今から少しずつできるようになっていかなければなりません。自分でどれだけできるかも自己点検してみましょう。

一人暮らしをデザインするというのは結構奥が深いと思いませんか。これもまた寄せられた感想を紹介することにします。

●一人暮らしをするにはお金もたくさんかかるし大変だなと思った。「さしすせそ」の中にも、私にはできないものがいくつかあるし一人暮らしは難しいんだなと思った。部屋の間取りを考えるのはとても面白かった。家具を全部最初から集めるとしたらすごいお金がかかることを学んだ。今はふつうに家にある掃除道具なども自分で買うとなったら結構高いんだなと思った。普段の生活の中で電気をたくさん使ってしまっているけど、お母さんたちが払っているんだからムダづかいはしちゃいけないなと思った。チラシを持ってきて家の値段とかをたくさん見てきたけど、自分が住みたいと思える部屋はどれも高くて驚いた。医療費が高くなるときもあるから、健康でいることもとても大切なことだということにも気づいた。電気代とか節約できるところはこれから節約していこうと思った。洗濯とか自分でやったこともないし、毎日自分でご飯をつくらなくちゃいけないことになったら私には絶対ムリだなぁと思った。自分の家の電気代などどれくらいなのか調べてみたいと思った。食事一食(ご飯・汁・おかず)はどれくらいなんだろうと思った。自分で働いてそのお金で暮らしていくのはとても大変だということに気づいたし、これから節約できるところはしてみたいなと思った。

●一人暮らしは大変だというイメージはあったけど、「いざ一人暮らしだ! 誰の手も借りないで生活するぞ」なんて言ったら終わりだと思いました。お金もない。何からやればいいかわからない。パニックになると思います。最低限に抑えろといっても選ぶのが難しいし、生活するにはそれなりに自分自身がいろいろとこなしていかないといけないし……、そのためにはいつ一人暮らしをしてもいいように、今のうちからいろいろできるようになり、それなりの知識を身につけておきたいです。私の苦手な「計画的に……」というのもわかったことの一つなので、少しは計画性があった方がいいと思いました。今はまだ、一人暮らしは確実にムリだなぁ。

中学生の感想を見てどう思いましたか。一人暮らしをするというのは大変そう、だけど面白そう……。今の段階ではいろいろな思いがありそうですね。でも、今すぐにはできなくてもいずれは自分で責任を持った「一人暮らし」をすることになるのですから、ちゃんと準備していくことは必要だと思うのです。一人暮らしを快適に幸せにするためにはお金が必要で、そのためには働かなくてはいけません。一生懸命働いて生活を維持させている大人たち。自分もやがてはそうなる。その日のために今から準備をしていかなければならない。確かにそうなのですが、でも働くことの意味はそれだけなのでしょうか。それを次に考えてみたいと思います。

私たちは働くことで支え合って生きている

大リーガーのイチロー選手やサッカーの本田圭佑選手は一年間の給料が億単位の金額だと言われています。もしそうだとして、単純に考えると普通の人の生活ならば、二人とももう一生分の「生活の糧」が得られていることになります。もし働くことが「生活の糧を得るため」だけだとしたら、二人はもう働く必要はないことになると思いませんか。それでも野球やサッカー、つまり「仕事」を続けているのはどうしてでしょうか。少なくとも二人にとって働くことの意義は「生活の糧」のためだけではなく、他にもあるからではないでしょうか。

「生活の糧」以外の意義とはいったい何でしょうか。それを考えるためにまたまた憲法の話をさせていただくことにします。憲法二七条、これは中学三年生の社会科でしっかりと学んでほしいと思いますが、ここには「すべて国民は、勤労の権利を有し、義務を負ふ」と書かれています。国民の三大義務の一つ「勤労の権利義務、勤労条件の基準、児童酷使の禁示」についての決まりごとです。あと二つは何かですって？　それは、納税の義務（三〇条）と教育を受ける権利・教育の義務（二六条）です。もどって、二七条でいう勤労とは、「働くこと」であり、「働くことが義務」とは、国民は働かなければならないということ、「働く権利」とは働く場所を得て働くことができるの意味です。「一人暮らしをデザインする」のところで見えてきた働く意味は、一人で生活するために必要な「もの」を得るため、つまり自分の生活のために働くということでした。でも、実は働くことは自分のためだけではないのです。こんどはその点について考えていきましょう。

✦コペル君の発見「人間分子の関係、網目の法則」

自分が赤ちゃんの頃お世話になった「粉ミルク」がいったいどんな人たちの手を経て自分の口に入ったか……って考えたことありますか？「ボクはお母さんの母乳だったから粉ミルクのお世話にはなっていないよ」なんて言わないで、ちょっと想像してみてください。実は本田潤一君という中学二年生の男の子がこのことを考えたんです。そうしたら夜なかなか眠れなくなってしまい、その結果大変なことに気づき、それを「人間分子の関係、網目の法則」と名づけたのです。といっても、これは吉野源三郎という人が書いた『君たちはどう生きるか』(岩波文庫)という本の中のお話です。本田潤一君はコペル君と呼ばれているので、これからはコペル君でいきたいと思いますが、コペル君はどんなことに気づいたのでしょうか。

まず、自分にミルクを飲ませてくれた人、これはお母さんかな。その前にミルクの缶をあけて哺乳瓶にお湯とミルクを入れて飲めるように準備してくれた人……とずっと遡っていくと、粉ミルクを輸出しているオーストラリアの人、そして牧場の牛にまで行き着きます。そして、自分が飲んだミルクは「見たことも会ったこともない大勢の人と、知らないうちに、網のようにつながっている」ことを発見し「人間分子の関係、網目の法則」と名づけたのです。コペル君は、粉ミルクだけでなく、この社会にあるすべてのものに言えると考えました。コペル君が気づいたとおり、この社会はいろいろな人が働くことによって網目のようにつながってできています。この作品が出版されたのは一九三七年ですが、コペル君が発見した「人間分子の関係、網目の法則」は、今の社会にもあてはまる大切な法則です。そこで、「コペル君になろう」という授業をやってみました。日常使っているいろいろなものをあげて元をたどりながら「網目」の関係を調べるのです。

あるグループは、「セーターまでのつながりをたどる」というのをテーマにしましたし(図5)、別のグループはお笑い番組をテレビで観るまでをテーマにしました。

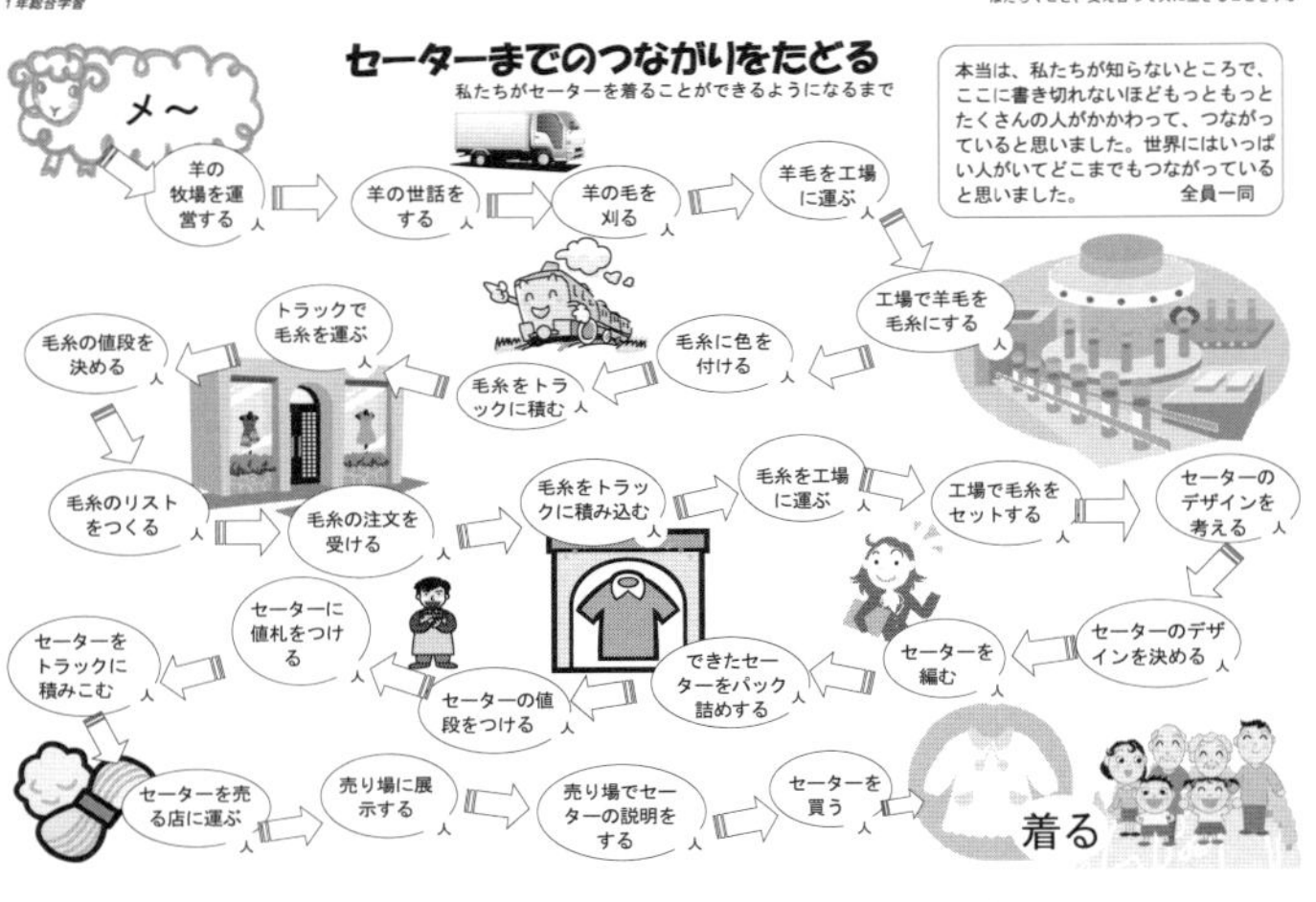

図５　セーターから「網目」の関係を調べる

そのときの様子をちょっとだけ再現してみましょう。

「先生、ちょっと来て！」

「なになに……」

「プラスチックって何からどうやってつくるの」

「ボールペンのインクは何からつくるんだろう」

「ゴムは？」

「バネは？」

「テレビってどうして映るの？」

「どこで調べたらいいの？」

実は大人の私たちも普段そんなこと考えたことがなかったので、改めて聞かれると困ることだらけでした。あなたも、何か一つやってみてください。その考えどおりになっているかどうかは問題ではありません。たくさんの人がつながっていることに気がつけばいいのですから。正解とか不正解とかは関係ないのです。そうすると気がつくと思いますが、コペル君の場合はオーストラリアの牛からミルクまでが「一本道」でつながりましたが、実際に考えてみると話はもっと複雑になります。例えば「トイレ」を選んだグループはまず、便座、温水洗浄便座、便座カバー、トイレットペーパーという四つのパーツに分けてそれぞれのつながりを探しました。すると、便座になる前の材料はプラスチックであり、プラスチックの原料は石油であることに気づきました。そして、そこから石油の採掘をする人たちや運搬する人、プラスチックをつくる人、便座に加工する人の存在が見えてきます。どうやって石油ができたのかに目を向けるとなると話はさらに広がっていきます。

ずっとずっと大昔の人は自給自足といって生活のために必要なものは自分でつくり、必要な作業は全部自分でやってきました。しかし便利になった今の社会ではあまりにも高度かつ複雑になったためにすべてのことを一人でやりきることはできません。そのため私たちはそれぞれが役割を分担して働き、働いた結果得られたものをみんなで分かち合って生活をしてきたのです。そうやってこの社会は成り立っています。だから憲法二七条は「勤労」を義務としているのです。

働くことと幸せに生きること

もう気がついた人もいると思いますが、働くことは、生活の糧、つまり収入を得られる仕事ばかりではありません。例えば給料をもらう職業には就かず、家事に専念している女性の場合はどうでしょう。専業主婦等と言われてきましたが、最近は男性が主に家事をしているケースも出てきて専業主夫という言葉も見聞きされるようになりました。家族の誰かが家事を専門にやり、他の人が外で安心して働くようにする方法です。ですから、これはもう立派な「勤労」と言えます。収入があるなしに関係なく「勤労」は成り立つのですね。それから、みんなが使っている路地を掃除してきれいにしてくれている地域の人、また、自然災害に見舞われたとき被災地に駆けつけて作業をしてくれたボランティアの人たち。みんな無収入で働いています。でも、その人たちのおかげで助かっている人がどんなにいることか。この世の中はすべて、働くことを通して人と人がつながり、支え合うことで成り立っているんです。よく「人に迷惑をかけてはいけない」「人を頼ってはいけない」「自分のことは自分で」という言葉を耳にします。もちろん「迷惑」はかけないほうがいいし、自分でできることを精一杯やることは必要だと思いますが、すべてを自分だけでやって生きている人なんていないんだということも、コペル君のお話は教えてくれています。あなたは誰かに支えられているし、あなたも誰かを支えている、つまり支え合って生きているのです。私たちはみんな誰かのお世話になって生きています。できないことはお世話になればいいのです。「お願いします」と言ってお世話になり、「ありがとうございます」と感謝すればいいのです。そして、誰かが自分を必要としているときには、できることで応えていけばいいのだから。コペル君のお話は、そんなことも私たちに教えているような気がしませんか。

「はたらく」という言葉は「傍（はた）」を「楽（らく）」にするということなんだよ、という話をある人から聞いて納得しました。もちろん「傍楽（はたらく）」なんて漢字はありません。でも、周りの人に迷惑をかけることを「傍迷惑（はためいわく）」と言いますから、すぐ「側（そば）」とか「近く」の意味を持つ「傍（はた）」を使って、迷惑ではなく反対に助けるという意味で「傍楽（はたらく）」という言葉があってもいいと思いませんか。みんながそれぞれいろんな場所で働き合うことによってお互いが助かってハッピーになっていく、それが働くということなんだ。私はこの言葉でとっても納得しているのです。イチロー選手や本田選手はスポーツで活躍することで私たちに夢を与えて励ましてくれています。絵を描いて見る人の心を癒やしてくれる、そういう「はたらく」もあります。お医者さん、ラーメン屋さん、警察官、新聞記者、大工さん……。自分一人ではできないことだけれど、それぞれが仕事を受け持ってやってくれている。あなたの周りにいる人はどんな「はたらく」をしてくれているのでしょう。あなたの毎日の生活はどんな「はたらく」に支えられているでしょうか。今自分が手にしている「楽（らく）」にはどんな人の「はたらく」があるのかと、一度考えてみませんか。そしてこの先あなたはどんな「はたらく」で「傍（はた）」を「楽（らく）」にしていくのでしょうね。いいえ、実はもうすでにあなたは「はたらく」をしているはずです。だって周りを見てごらんなさい。あなたの家族、親戚、友だち、先生、あなたがもし誰かのために何かを手伝ってあげようと思ったり、こうしたら喜ぶだろうなと思って何かをしていたとしたら、その人にとってあなたは特別な意味のある人です。なぜなら、もし予定していたときに予定していたところにいるはずのあなたがいないと、ポツンと穴が空いたような気持ちになるでしょう。今のあなたが他の誰かにとってあてにされる存在であれば、それはもう十分働いていることになるのです。だって、赤ちゃんを見てごらんなさい。泣いたり笑ったりしているだけで、掃除もしないしお金も稼ぎません。けれど赤ちゃんの存在がどれだけ周りを温かくしていることか。赤ちゃんはその存在自体が「はたらく」になって周りの人に「安らぎ」を与えてくれているのです。いやいや、うちの親は「「お前は親に苦労ばっかりかけて……」っていつも言っているし、ボクの場合は、とても「安らぎ」を与える「はたらく」になっているなんて思えない」。そんな声が聞こえてきそうですね。でも、そうではありません。この子のためにがんばらなくっちゃってきっと思っていますよ。この「誰かのためになっている」「自分が誰かにとって意味のある存在」、それが幸せのキーワードなんですから。

自分のしたことが他の誰かのためになっているということは、自分の生きている意味＝生きがいにつながっていきます。雨が降りそうだったので洗濯物をとり込んで丁寧にたたんでおいたら、帰ってきたお母さんから「ありがとう！　とっても助かったわ」って言ってもらえたら幸せな気持ちになれるでしょ。同じように、夕食をつくってくれたお母さんに、「ごちそうさま。とってもおいしかった。ありがとう」って言えば、きっとお母さんは幸せな気持ちになると思います。逆に、一生懸命やっても「ありがとう」とか「おいしいね」って言ってくれる人が誰もいないと、張り合いがなくなっちゃうんじゃないかな。働くことが誰かを楽にして自分も幸せな気分にするっていうのはそういうことなんです。これをいろんなことに当てはめていくと、幸せを感じながら生きる人生をデザインすることにつながっていくと思います。

✦職場体験で学ぶ

今多くの中学校で職場体験という体験学習が行われています。学校や地域によって違いはありますが、中学生が一日から五日程度の期間、学校ではなく地域の事業所に通って、そこで働く人たちの姿を見学したり仕事内容の説明を受けたりします。実際の仕事を体験させてもらうこともあります。これは、将来自分がやりたい仕事、就きたい職業を考えてそれを実際に体験するというよりは、大人が仕事をしている現場に行って実際の仕事の様子に触れることで、「働く」厳しさや喜びを感じとるのが目的の体験学習です。

体験先の事業所は、製造業、販売業、医療福祉施設、公共施設など様々です。どこも中学生の勉強に役立つならばと引き受けてくれています。市立図書館で体験をした人は、図書の整理や貸し出し業務だけでなく傷んだ図書の修理をする仕事もさせてもらっていました。小学校に行った人は低学年の子の遊び相手になったり、算数の勉強のお手伝いをさせてもらいました。また用務主事さんのお手伝いをさせていただくことで、自分たちの中学校生活を客観的に見ることができました。農家にお世話になった人は、野菜を育てる苦労と収穫を得る喜びを学びました。病院に行った人は、病院の業務がお医者さんや看護師さんだけでなく、お金を扱う人、掃除や洗濯を担当する人、食事の準備をする人など多くの人によって医療が支えられていることを学びました。美容院に行った人は来店したお客さんの髪をセットすることだけでなく、お客さんがいないときにたくさん仕事があることを学びました。お客さんをどう気持ちよくお迎えするか、立ち位置や言葉遣いといった接客の配慮、道具の手入れや、お店の掃除や道具の準備、そして技術を向上させるための勉強等、普段お客として行ったときには目にすることのなかった光景を見ることができました。

「コペル君の発見」のところでは、私たちの社会はいろいろな人がいろいろなところで「はたらく」ことによって、互いに助け合いつながり合ってできている。それは社会をつくることであると同時に、自分の生きる意味や幸福感にもつながっているというお話をしてきました。職場体験は、それを実際に目で見て耳で聞いてやらせてもらってという、体験を通して学ぶ貴重な機会にすることができます。参加した中学生の感想を紹介しましょう。

●病院で体験→お医者さん、看護師さんの他にはあまり知られていない、医療事務や清掃業

務などいろいろな人が仕事をしていることを知りました。ケースワーカーの人は入院のお金のことや入院に関するいろいろなことを相談できる人です。そのためには法律や病院の仕組みや種類についても詳しくなければなりません。とても難しそうですが、とても大切でやりがいのある仕事だと思いました。この仕事のやりがいを感じるのは、「困っていることが解決したときに、涙を流してありがとうと言ってもらえたとき」だそうです。自分の仕事にやりがいと自信を持っているのがすごいと思いました。

●新聞販売店で体験↓初日に教わった折り込み作業が最初はできなかったけれど、二日目からは少しできるようになった。新聞のキャンペーン紙を配達する作業は結構辛かった。三日目以降は折り込み作業、配達、団地の読者にプレゼントの配達もした。最終日は一日中折り込み作業だった。インクで手が真っ黒になった。

●高齢者福祉施設で体験↓一日目はとっても大変で疲れて、これから五日間もここに来なきゃいけないのかぁ、イヤだなぁと思っていた。でも二日目三日目になると仕事に慣れ、楽しくできるようになった。車イスのお年寄りに「邪魔、どいて」って言われたときは辛かったけれど、職員の方から「よくあることだし、悪気があって言っているんじゃないので気にしないでね」と優しくされ、励まされて少しずつ慣れていきました。ちょっとこの仕事が好

きになりました。

職場体験を通して自分はこういうタイプの仕事には向いていないと気づいたり、逆に小学校での職場体験がきっかけで教員になる勉強をしている人もいます。この職場体験で、あなたはどんな発見や気づきをすることができるでしょうか。自分が将来どんな職業に就くかではなく、職場体験を通して親や先生とは違う社会の大人たちに出会って世界が広げられるといいですね。そして、働くってどういうことなのかその大変さや喜びが感じとれるといいですね。

✦中学校卒業後の進路を拓く

さあ、いよいよ中学校を卒業したあとの進路について考えていきます。中学生にとって不安いっぱいだけれども、全員が挑戦し次のステージへと進んでいく課題です。ある意味中学校の卒業試験のようなものかもしれません。中学生にとって不安になるワケは、この章の最初のところでもちょっとお話ししましたが、三つあります。

一つめは、小学校卒業のときのように次の進路はみんなに共通に保障されてはいないということ。これまでずーっと一緒だった仲の良い友だちであっても、来年も一緒にいられるかどうかはわかりません。たとえ双子のきょうだいであっても、それぞれ別々の人生に向かう第一歩となるということです。

二つめは、その進路は自分で決め、自分の力で挑戦して切り抜けるしかないということです。そして、その挑戦結果は自分が引き受けなければなりません。結果が思うようにいかないことがあっても、誰のせいにもできません。困難な挑戦であっても他の誰にも代わってもらえないのです。

最後に、こんなに先のハッキリしないドキドキの挑戦はみなさんにとって人生の中で初めての体験だということがあげられます。

この三つの困難と向き合っているのはあなた一人ではありません。今、全国で三〇〇万人以上の中学生がこの課題と向き合っているからです。そのお互いに名前も顔も知らない三〇〇万人が「私も一緒だよ」っていう思いでつながり、「オレたちも乗りこえてきたんだからキミたちだってきっとできるよ」とエールを送っている私たち先輩たちがいることを忘れないでほしいと思います。そこで、この課題に挑戦していくときに押さえておきたい点をこれからお話ししていきます。

卒業後の進路はいくつもありますが、ここでは高校など上級学校への進学について話します。

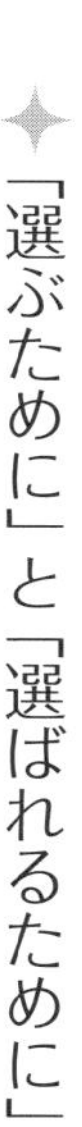

「選ぶために」と「選ばれるために」

受験というと「合格する」。つまりその学校に「選ばれるために」何をするかにばかり話がいってしまいがちですが、実は受験には二つの「選」があります。「選ばれる」前にもっと大事な「選ぶ」をしなければなりません。つまりこの学校に行きたいと思う学校を選ぶ、志望校を決めるということです。そしてそのあとで、もう一つの選ばれる「選」、つまり入学試験に合格するために、が問題になってくるのです。その二つの「選」について考えていくことにします。

高校を選ぶと言っても特別な技術が必要ではありません。目的と条件の二つさえ意識すればオッケーです。これはいつも普通にやっていることですが、ここでは次の五つについて確認しておきます。

✎自分の希望をハッキリさせる

一つめは自分の希望です。どうしてその高校を進学先として選ぶのかを自分の中でハッキリさせておきます。そのためには高校に行ったら何をしたいかを考えておくことが必要です。好きな音楽活動をやれる仲間に出会いたい、バスケットボールをやりたい、英語を深く学びたい等やりたい夢を描くことです。それは一つでなくてもかまいません。できるだけたくさん考えてみましょう。

✎自分の希望と特性にあった学校がいい学校

二つめは、その条件を満たす学校がどこにどれくらいあるのかの情報を集めましょう。まずは合格しそうかどうかは別にして、「自分のやりたいこと」ができるかどうかを基準にしてできるだけたくさんリストアップしていきましょう。その中から「いい学校」を選んでいきます。ここで言う「いい学校」とは、自分にあった学校ということです。よく、受験のガイドブックなどに高校ランキングのような記事が載っていますが、誰にでもあてはまる「いい学校」などというものはこの世に存在しません。それは「いい学校」とは「自分にあった学校」のことだからです。その学校で自分を成長させる人との出会いがあって、自分がイキイキと生活ができて、卒業までの間にグングンと伸びていくことができる学校、それが自分にとっての「いい学校」です。実は高校の側にとっても、そういうあなたこそが「うちの学校にあう生徒」であり受験してくれるのを待っているのです。この「いい学校」リストはできるだけたくさんあげた方がいいですね。

「合格の可能性」も大切な選択条件

さて「いい学校」のリストができたら、そこから「選ばれる」ことを意識して絞り込んでいきます。どの学校も受け入れ人数が決まっているので、希望すれば誰でもみんな入学できるとは限りません。受け入れ人数の範囲で希望者の中から、その学校にふさわしい人を選ぶという仕組みになっています。この先の努力で自分が「選んでもらえる」ようになるかどうかという判断、つまりザックリとした合格の可能性を考えておく必要があります。その学校の入学選抜の仕組みがどうなっているか研究し可能性を考えていきましょう。このことについてはやってみなければわからない部分もありますが、学校の先生が持つ経験と情報が有効になります。大いに頼っていきましょう。

実際、試験では何が起きるかわかりません。絶対大丈夫、と言っても病気で入院して試験が受けられなければ合格できませんし、反対に奇跡が起きてこれまで一度もとったことがないようないい点がとれれば合格するかもしれません。でも、この二つともほとんどあり得ないことです。ですから、それを心配しすぎたり期待したりするのはやめましょう。この「合格する可能性」については、学校や塾などがある程度の情報を持っているので相談に乗ってもらうといいと思います。ただし、大切にすべき基本はあくまでも「高校を選ぶ」方です。

「我が家の事情」と支援の仕組みも知っておく

それから、高校生活を送るときにどれくらいの費用や時間がかかるのかということも考えなければなりません。入学金や授業料、それと交通手段と通学時間や交通費も頭に入れておくべき問題です。また、自分の「やりたいこと」の中に部活動などがあれば、それにかかる費用も考慮しなければなりません。学校案内等に書かれている費用以外にもどんなものが必要か、これも先生や先輩に聞いてみるといいでしょう。

奨学金の制度も調べてみてください。奨学金は自分が将来働いて収入を得ることができるようになったら少しずつ返済していく貸与型奨学金の他に、返済しなくても良い給付型の奨学金もあるし、自治体独自のものや高校独自の制度もあります。学校の先生に聞くと年間を通して支給される奨学金や入学のときに支給される入学準備金をはじめとして、経済的な負担を軽減するためのいろいろな制度があることを教えてくれるはずです。「こんな制度はありませんか」と遠慮なく聞いてみるようにしましょう。

最後は実際に自分の足で歩いて自分の目で見て

さあ、これで志望校が絞られてきました。最後に必ずしてほしいのは、その学校に自分で実際に行って見てくるということです。カタログショッピングとか通販という言葉を聞いたことがあると思います。実際に商品を見ないで写真とか文による説明で内容を判断して商品を購入するというシステムです。これは忙しくて買い物に出られない人にとっては、なかなか便利な方法で利用者も多いと聞いています。でも、高校選びについてはカタログショッピングはＮＧです。必ずその学校に行って見てくることをおすすめします。できれば、通常の授業や生徒の活動が行われているときが良いのですが、それは自分の学校の授業もあるので、厳しければ学校説明会でもいいでしょう。とにかく、入学したら三年間通う学校ですから、一度は実際の始業時刻にあわせて家を出て通学に使う道を使って学校に行ってみるようにしましょう。

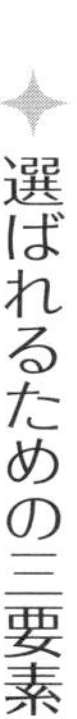

選ばれるための三要素

さて今度は、志望校合格、つまりあなたが高校に「選ばれ」て入学を果たすために何をするかです。紀元前五〇〇年頃の中国で書かれた『孫子』(金谷治訳注、岩波文庫)という兵法書の中に「彼れを知りて己れを知れば、百戦して殆うからず。彼れを知らずして己れを知れば、一勝一負す。彼れを知らず己れを知らざれば、戦う毎に必ず殆うし」という言葉があります。相手と自分の状況を把握していれば、一〇〇回戦っても負けることはない。相手のことを知らないで自分のことだけを知っているのだと勝ったり負けたりだが、相手のことも自分のことも知らないでいれば必ず負けるという意味です。兵法とはいくさのやり方を指します。戦争は絶対しちゃダメ!と思っている私が使うのにはふさわしくないのですが、スポーツの試合に勝つとか、将棋や囲碁などの大会で勝ち抜いていく際には、とても役に立つ考え方です。そして、受験にも役に立ちます。受験に置き換えて考えると、志望校に「選ばれる」ためには、相手、つまり入学選抜の仕組みや志望校の特徴をまず理解して、自分の得意不得意も理解する、その上でベストを尽くせば願いは実現に近づくというように理解することができます。そこでここでは「彼を知って」「己を知って」「ベストを尽くす」ことについてお話をします。

「彼を知る」=高校側が何を重視して選ぶのかを知る

入試科目、面接の仕方、小論文や作文、科目による配点の違いなどを調べて、それが自分にとって有利かどうかを考え学校にあわせた対策を練りましょう。

✎**「己を知る」＝自分のできること、できないこと、自分を乗らせる勉強の仕方**

「己を知る」ということは、これだけできるようになりたいという到達目標に対して、今自分は何ができて何ができないのかということをまず明らかにすることです。本当は「自己診断テスト」のようなものでチェックをするといいのでしょうけれど、まずはそれぞれの教科の内容全体を見直して自信のあるところと自信がないところを○×△のように自己診断でチェックしてみるといいかもしれません。

✎**「ベストを尽くす」＝合格目指して受験対策・試験本番**

さあ、課題と勉強に取り組む自分の個性がわかったら、どう進めていくかを考えます。計画の立て方や勉強方法は、二章を参考にしてください。

✦三年生ならではの勉強課題

次は三年生ならではの具体的な勉強の課題についてお話ししておきます。それは大きく言えば、合格目指して取り組むことと、新しい高校生活に向けて準備する、の二つです。

✎合格目指して取り組む

受験生がよくはまりがちな二つの落とし穴、油断と不安に注意しましょう。

①学校の面談で志望校が決まったら受かったような気になってしまう

面談で決まるのはあくまでも「挑戦する学校」です。そのときには「この調子でがんばれば」という前提があって「きっと合格できる」という結論になったはずです。それなのに「がんばれば……」の前提抜きに受かったような気持ちになってしまって勉強のペースを落としてしまうのは、このままいけば金メダル！と思われた瞬間にペースを落として抜かれてしまうランナーのようなものです。

②受験倍率を見て一喜一憂してしまう

願書が締め切られると倍率が発表されます。その結果倍率が低いとホッとしたり逆に高いと不安になって緊張したりする人がいます。これもNG。どんなに倍率が低くて不合格者がたった一人であったとしても、自分がベストの力を出せずに目標の点数にまったく届かないようであればその一人になることだってあります。逆にどんなに倍率が高くてもベストの力を出して目標の点数がとれれば合格圏内に入れます。面談で志望校を決めるとき判断した「この調子でがんばれば……」は「たとえ飛躍的に点数が伸びなくてもこのままの調子を維持すれば」で判断しているのですから、その判断を信じて倍率は気にしないようにしましょう。一番大事なのは、心と身体のコンディションを整えて、当日普段通りの力を発揮することです。

それと、試験が近づくと、受からなかったらどうしようとかあれこれ考えて勉強が手につかなくなる人が時々います。でも、そうやって悩んでも良いことは一つもありません。自分がどの学校に挑戦するかということは担任の先生をはじめとした周囲の人たちと相談し、よく考えて決めたことだと思います。それは最もいい結論だと自信を持ちましょう。ですから、願書を出したらもう迷わないことです。

新しい高校生活に向けて準備する

受験態勢に入った三年生を見ていると、入学試験のことで頭がいっぱいで授業や行事など毎日の学校生活に気持ちが入らなくなって、細かいことがおろそかになってしまっているという人が時々います。そうなる気持ちはとてもよくわかります。でも、そんなときには「受験勉強は希望する学校で新しい高校生活を始めるためにやっているんだ」ということを思い出してほしいのです。高校の授業は、受験教科だけでなくすべてが中学校でやってきたことを前提にして進められます。もし、高校ではもうやらないという科目があるとすれば、その中学校の授業は人生の中で受ける最後の授業科目ということになります。あーっ、誰ですか？「ヤッター！」なんて思って喜んでいる人は？　その人は二章をもう一度読んでみてくださいね。今しか体験できない授業の学びがきっとあるはずだと思います。

それと中学校に入ったとき、小学校の算数がわかっていなかったために苦労した人はいませんか。中学の勉強が小学校の内容を土台にして進められたのと同じように、高校の授業は中学校の内容を土台にして行われます。ですから、高校生としてのスタートはみんなが同じスタートラインから始まるのではなく、入学までに身につけたところから始まります。つまり中学校での学びの到達点が高校のスタートラインとなります。今は入学試験に合格することしか考えられないかもしれませんが、高校合格はゴールではなく、高校での学びのスタートラインだということを忘れてはいけません。

あと、受験勉強によって夜遅くまで起きていて朝遅くまで寝ているいわゆる「夜型」生活になっている人も要注意です。学校の授業に出ても午前中は眠くて頭がボーっとしていたりしたら大変。入学試験は朝から始まりますからね。「それって受験に関係なく普段から言われていることだよ」って思った人がいるかもしれませんね。そうなんです。要するに受験生だからといって特別に考えてムリするのは禁物、健康第一で生活リズムを崩さず学校の授業や生活はちゃんとやっていくことが大切です。高校進学も普段の生活を土台にしてその上に積み重ねていくものです。ちゃんとした土台が大切というのはすべてに関して言えることです。

5章

一緒に考えましょう，こんなときどうする

この章では、四章まででお話ししてきたことをもとにして具体的な問題を一緒に考えてみたいと思い、「悩み相談」の形をとることにしました。この悩みを見て「あるある」って思う人もいるでしょうし、「自分にはそんな悩みはない」という人もいると思います。また、あるあると思える問題だって文字に表れない個別の深い背景があるでしょう。そして、私の回答が「正解」とも限りませんし「正解」だって一つではありません。この「悩み相談」を見て、想像を広げてください。たとえ自分が今そんな悩みはもっていないとしても、今そう感じている人がいるかもしれないって思うこと、そう思えることを大切にしたいからです。

いじめ

Q1 学校でいじめられています。バイ菌って言われるのが辛くて先生に話したらその子を呼んで注意してくれました。そうしたらゴメンと謝ってくれたのですが、そのあと先生にチクるなんて卑怯だって言われて、今はもっとひどいいじめになってしまいました。小学校の頃もそんなことがあって担任の先生に言ってもダメでした。もう先生には言えません。いったいどうしたらいいんですか。もう学校にも行きたくありません。

A1　先生に話したらもっとひどくなったなんて悲しいですね。どうしてそうなるのでしょう。おそらく先生は、いじめをする人とあなたの人間関係を早く修復させたいと考えて謝らせたのですね。問題はそんなに単純じゃないということに先生は気づいていないのかもしれません。ですから、もしまたやられたら何度でも先生に言うようにしましょう。場合によると、先生によっては何度も訴えたとき、ちゃんと聞いてくれないことがあるかもしれません。そのときには、担任の先生だけでなく、いろいろな先生に話してみるといいと思います。学年の先生だけでなく、保健室の先生や他学年の先生、校長先生も含めて。そうすれば、あなたの話をちゃんと聞いてくれる先生にきっと出会えるはずです。あなたの話をちゃんと聞いてくれて、あなたの辛い思いをわかってくれる先生が見つかれば大丈夫です。いじめの行為はすぐにはなくならないかもしれませんが、あなたの心はいじめに負けることはありません。もし、どうしても学校の中に話を聞いてくれる人が見つからない場合も、決して一人だけで考えたり苦しんだりしてはいけません。おうちの人に話す、電話で教育委員会の人に話すなど、必ず誰かに話しましょう。あなたの力になってくれる大人は必ずいますから。

あと、同じクラスではなくても、いじめを止めてもらえなくても、あなたが自分の辛い思いを語れる、あなたのグチを聞いてくれるような中学生の友だちがいるといいですね。そうしたらその人には辛いこと、悔しい思いを全部聞いてもらうようにしましょう。そうすれば、それだけで気持ちはずいぶん楽になります。

いじめがひどくて学校に行くのが辛かったら、思い切って休んでみるのもいいと思います。「休むのは逃げることだから恥だ」という人がいたとしても、そんな言葉を気にする必要はありません。逃げるのはけっして恥ではないからです。無謀な相手の行為から自分の身を守るためにいったん避難するのです。歩いている先に凶器を持って暴れている人がいたらどうしますか。その人に立ち向かっていかないからといって、自分の身を守るために避難したからといって恥にならないのと同じことです。

それと、中にはいじめが続くと「あなたにも原因がある」と言われたり「自分のどこが悪いんだろう」と考えたりすることがあるかもしれません。でも、そんなことで悩む必要はありません。いじめられても仕方がない理由なんて絶対にどこにもないのですから。もし、例えばあなたが以前誰かを傷つけることを言ったりしたりしたことがあって、それが原因じゃないかと思い当たったとしても、もしそうだったらそのことを指摘すればいいことです。そしてあなたもきちんと反省して謝ればいいことです。いじめという方法で解決するのは正しくありませんし、失敗したからといっていじめで苦しめられても仕方がないことなんて一切ないのです。そして、何かトラブルがあったとき、ちゃんとした方法で解決していくというのも中学生時代にする大切な学びなのです。

Q2 クラスでいじめがあります。やられているのを見ていて何とかしてあげたいと思うけど、注意するとボクもやられそうで言えません。そんな自分が情けなくて辛いんです。どうしたらいいですか。

A2 注意すれば自分もやられるかもしれないというのは当然の気持ちで、情けないことでもなんでもありません。そのことを辛いと感じるあなたは、とても人間らしい優しい心の持ち主だと思います。ただ、いじめられている人には、直接いじめをしている人だけでなく、それを見て知っている人全員が攻撃する側にいるように思えてしまうというのも事実です。ですから、「何とかしてあげたい」と思って心を痛めているあなたのような人がクラスにいるとわかっただけで、そのいじめられている人はどれほど心強く思うでしょうか。その思いをその人に伝えてあげましょう。「何もできなくてゴメンね」という思いを伝えるだけでもいいと思います。そうして、他にもあなたのように思っている人がいたら、一緒に時々声をかけてあげましょう。先生に訴えるときは一緒に行ってあげるのもいいと思います。暴力など見過ごせないいじめがあったときには、本人に代わって先生に訴えてあげてください。一番大切なことは、その人が一人で抱えることがないように、思いを聞いて精神的に支えてあげることです。辛い思いをわかってくれて共感してくれる友だちが一人でもいればきっとがんばれます。「だけど私にはムリ。だって話を聞いても何てアドバイスしてあげたらいいかわからないから」と思っている人。そんなことはありません。聞いてもらえればそれでいいのです。むしろ、「それはあなたが○○だからいけないのよ」とか「もっとこうすればいいのよ」などと言われると辛くなってしまうものです。何か言わなくちゃいけないと思ったら「だよね」って言ってみましょう。「あなたがそう思っているその気持ちは私にもわかるよ」っていう意味です。自分が辛く感じている思いを話したときのことを想像してみればなんとなくわかるでしょう。かけてあげてほしい言葉は「だよね」。相手の心が痛んでいるときの「でもね」はNGです。

Q3　小学校の初めの頃はいじめられていて辛かった。あるときから思いっきりやり返し

ていったら、それからはいじめられなくなった。でも、逆に先生からはいじめだと叱られた。中学に入ってからは暴力とかしてないのにいじめだといって叱られる。勉強できるからって授業中「カッコつけているヤツ」にわからせてやろうとしているだけなのに……。こんなことぐらいで「授業に出たくない」とか「学校に来たくない」とか言うなんて、大げさだと思う。みんなだってそいつにムカついていて一緒にやってるのに、先生はオレばっかりを悪者扱いしている。確かにこのごろみんながオレをイヤがっているような雰囲気も感じる。家に帰っても親はお兄ちゃんばっかりほめて、オレのことはワルい子だって言うし。どうせオレはワルい子だから、もうどうでもいいって感じ。

A3　確かに、あなたのやっていることで「授業に出たくない」「学校に来るのがこわい」って思っている人がクラスにいるんだから、あなたのしていることはよくないことには違いありません。でも、小学校のときの辛い思いを自分の力で乗り越えるために、中学に入ったときにそうしなくちゃいけなかったというあなたの気持ちはよくわかります。それに、学校では先生から叱られてばかり、友だちからもなんとなくイヤがられていることを感じ、家に帰ってもそんなことを感じているんじゃ心の居場所がなくなっちゃうだろうね。小学校の頃とは違った意味で、今も辛いんだろうと思います。でも、そんな辛いことを一人で受け止め一人で考えてきたキミならば、今辛いと感じている子の思いだってわかるはず。だけどキミは自分のことをワルい子だって言ったけど、それはどうかな。誰かを苦しめているんだから、確かに「悪いこと」はしているかもしれない。だけど決してキミは「ワルい子」なんかじゃないよ。今キミがしている「悪いこと」だって、「やり方」は賛成できないけれどそうしてしまう「気持ち」は理解できる。だから、その「気持ち」を「悪いこと」以外の方法で解決するやり方を考えてみないか。必ずいい方法があるはずだから。それを一人で考えるのではなく、信頼できる誰か大人と一緒に。担任の先生でもいいし、話しやすい学年の先生、保健室の先生、スクールカウンセラーの先生。校長先生だって相談に行けば「よく話しに来てくれたね」って、きっと言ってくれるはずです。

✦不登校

Q1　中学生になってしばらくしてから、朝になって学校に行く時間になると体が固まって動かなくなるようになってしまいました。親は学校に行きたくないから怠けているって怒

って、私を車に乗せて校門まで送ってくれます。教室に入ると、グループで集まって昨夜のテレビのこととかアイドルのこととかで盛り上がって、私も一緒に笑っています。でも、なんか変なんです。もう一人の自分が離れたところからそれを冷めた目で見ているような気がするのです。家に帰るとものすごく疲れて、気持ちがイライラして、気がついたらぬいぐるみを壁にぶつけていました。お母さんが音を聞いてやってきて、「何してんの！」と言って止めました。私はワケもわからず大声で泣いていました。何回かこんなことが続き、ある日とうとう学校を休みました。先生は「学校では普通に楽しく生活してますけどねぇ。家で何かあったんですか」と言ったそうです。それから、だんだん休む日が増えていき、ずっと家にいるようになりました。お母さんは「行きたくない理由は何なのよ！」と言い、お父さんからは「お前は我が家の恥さらしだ、出ていけ！」と言われました。先生も家に来て、「みんな待っているよ。早く学校においで」と言ってくれるけどそれも辛いです。だって、行きたくないのではなく、行かなくちゃいけないと思っても体が動かなくなるのです。あれ以来お父さんとは口をきいていませんし、先生にも会いたくありません。私は生まれてこない方がよかったんじゃないかと思うことが時々あります。

A1　みんな普通に通っている学校なのに、行こうと思っても朝になると体が動かなくなってしまって行けなくなる。それは辛いことでしょうね。あなたがもし重大な病気で大手術をして絶対安静と言われていたり、何かの事故で大けがをして体を動かすことができなくなっているとしたら、「学校に行きなさい」とか「我が家の恥さらし」などとは言わないでしょうね。なのに、どうして行かなくちゃいけないと思っても体が動かせないで苦しい思いをしているあなたには怠けていると言えてしまうのでしょうか。その結果、「生まれてこない方がよかったんじゃないか」と自分を責めてしまうあなたのことを考えると本当に心が苦しくなります。学校に行かなくちゃと思ったときに体が動かなくなってしまう原因は、いろいろ考えられるので簡単に言うことはできません。ただ、ハッキリ言えるのは、次の三つです。

①「登校しない」のはあなた自身に何か問題があるからでも、「登校する」ようになれば問題が解決したということでもありません。

②大切なことはここに生まれてきたあなたが、今ここで生きて成長しこれから自分らしく生きていくこと。何があなたの成長を妨げ、何を必要としているのかを周囲の人と一緒に考えることです。そのとき一番重要なことは、あなたがどう感じているか何を願っているかと

いうことです。
③学校に行かないという選択は、やがて社会に出る準備としての学びの権利を放棄したということではありません。他のみんなと同じ場所で同じように学んではいないというだけであって、あとは何も変わりません。学びたいという思いと権利は大切にしていいんです。

確かに、「登校しない」ためにできなくなっていることもあるでしょうが、「登校しない」ことで得られて(保たれて)いるものもあるはずです。

例えば、中学入学とともにいのちにかかわる大きな病気がわかって、治療のため三年間入院していたと考えてみましょう。入院期間、中学校には行けなかったのですから、確かにみんなと同じ中学生体験はできませんでした。でも学校に行けばいのちをなくしていたかもしれません。大げさだと言われるかもしれませんが、朝になると体が固まったようになってしまうというのも、このまま学校に通い続けたらいのちが危ないよというヘルプサインかもしれません。そんなときはいったん休んで回復したらまた行くということもできるので、どうしてもきびしいときにはムリせず自分を休ませてあげましょう。

学校というものは「何が何でも行かなくちゃいけない」ところでないのと同じように、その気になっているのに「来ちゃいけない」ところでもありませんから。そうして休んでいる間、得られなかったことをこれからどう補っていくのか、それを考えてみましょう。そのときは同時に休んだことで得られたもの、例えば自分の心の健康回復などがそれにあたりますが、それだけでなく他にもきっとあるはずです。それが何かも考えましょう。

不登校の場合、その期間中は学校というところで学ぶことはなかったとしても、自分の人生の中に「中学生時代」という時間は間違いなくあります。そして、その後高校に進学し、さらに大学で学ぶ道は開けています。中学生時代はほとんど登校しなかった人が、その後進学した高校でいい先生と友だちに出会って自分に自信と誇りが持てるようになっていったとか、そうして大学生となった今、不登校の子どもたちが通うフリースクールでサポーターをしながら教師を目指して勉強をしているなど、中学生時代の「不登校体験」を財産に変えている人はたくさんいます。まだそうした出会いのチャンスがない今は、「みんなと同じにできないでいる自分」しか見えなくなってしまってもムリはありません。でも、それだけだと「自分はダメな人間だ」とか「人間失格だ」などとよくないことばかりが頭に浮かんできて、「生まれてこない方がよかった」などと考えてしまうことになります。今自分は深い井戸の中にいると考え、その様子を想像してみてください。そこから見える世界は広い空のほんの一部に過ぎません。井戸から出てみれば、新鮮な空気があります。山も川も緑の木々もあるし、いろいろな音やいろいろな匂いがあることがわかります。今、中学生のあなたに見えている苦しみの「世界」は、あなたを包んでいる大きな世界のほんの一部に過ぎないんだって思ってもらえたら嬉しいです。その大きな世界にはあなたが自分らしく成長する可能性がいっぱいあるのですから。学校に行かなくったって人間はやっていける。だから、行けたら行くし辛くなったら帰ってくればいい。それぐらいの気持ちで楽に構えてみましょう。全国にいる一二万人近い不登校状態の中学生の中には、あなたのように一人で苦しんでいる子もいれば、私は私でいいんだと自分なりの学びや歩みをしている人もいます。そうした人と出会うことも意味のあることだと思います。

先生

Q1 担任の先生がキライです。クラスのことにまったく関心がないみたいです。すごく適当で日直日誌なんて書いてもほったらかし。学活も遅れてくるし掃除も見てくれません。先生から話しかけてくることはほとんどなく、用があるならお前から来いよというような感

じです。クラスの雰囲気も最悪で荒れています。隣のクラスの方がよかったなぁ。

A1 生徒はクラスも担任の先生も自分で選ぶことはできないんですよね。担任の先生だけでなく、教科の授業をする先生も選ぶことはできません。ですから、新年度のクラスや担任発表を見て大喜びをしたり絶望的になったりする人がいるのは当然です。それは、その先生がとても熱心で力のある先生かどうかということだけでなく、自分と相性がいいかどうかも深くかかわってくるのでことは単純ではありません。クラスのことはほったらかしという この先生ですが、そういう先生が好きという生徒もいるでしょう。もしその先生が誰が見ても適切ではないことをしているのであれば、それは直ちに改めてもらうようにしなければなりません。それは、学年主任の先生や校長先生など他の信頼できる先生に話してみるといいでしょう。でも、もし「自分との相性」だけが問題ならば、さっきの方法では解決しないこともあります。そこで、いくつかアドバイスをしてみることにしましょう。

まず一つめは、自分で選ぶことはできない担任や教科の先生、そしてクラスのメンバーが「ガッカリ」だったらどうするかです。でも、考えてみると世の中にはそういうことがたくさんあって、自分の力ではどうにもならないことを受け入れて、それとどう折り合いをつけていくかが「生きていく」上では必要になります。それも社会に出ていく準備であり、学びの一つです。先生のことについて言えば、幼稚園や小学校低学年の頃は担任の先生の影響がとても大きくて、先生次第で決まってしまうことがたくさんあったと思います。でも、学年が進み中学生になると、最初でもお話ししたように、なんでもかんでも先生の言う通りに従うのでなく、受け入れたり反発したりしながら自分でうまく判断して行動することができるようになっていきます。この先生はこういう場合はこうするけれどこういう場合はこうだというように、先生に応じた対応もできるようになります。相手によって対応を変えるのはどうかと考える人もいるかもしれませんが、実はそれは人とかかわる上で必要になってくる大切な能力の一つです。クラスの雰囲気は自分たちの努力で変えていくことができますから、それは文句を言うのではなく最高のクラスを目指してみんなで力を合わせていけばいいのです。でもがんばっても変えることのできない「先生の個性」については、人とうまくかかわっていくための練習の場と考えてみてはどうでしょうか。あと、嫌いだという感情が強すぎると、それほどでもないことまでイヤになってしまいます。全部を否定するのでなく、あの点はこうだけどこの点は……というように分けて考えられるようになることも大切です。こうした力はこの先必ず役に立つし、自分の感情をコントロールするやり方を学ぶことにもつながります。

二つめは、だからといって「もうムリ」という状況だってあると思います。そんなときは、逃げ場所を見つけておきましょう。グチをはき出せる場所や人を確保しておくことはとても大切です。話を聞いてくれる先生や友だちがいるといいですね。いじめのところでも話しましたが、辛いことやイヤなことがあったとき自分の中だけに閉じ込めておかずに、はき出す場所をつくっておくことは、自分を精神的に追い込まないために必要な方法です。

三つめは、担任の先生という存在を絶対化せず、無視もしないがあてにもしすぎないというスタンスを見つけることです。つまり、このことは担任の先生に相談するけれど、これはこの先生に相談するというように、いろいろな先生のところに行って相談に乗ってもらったり、サポートしてもらうようにするのです。先生にも得意不得意があるので、そうすればいろんな先生と知り合いになれるし、一番いいサポートが得られることにもなります。

最後は、ときにはそのことを考えるのはやめて他のことに気持ちを集中させましょう。勉強に逃げる・部活に逃げる……、逃げるという言い方は適切ではありませんが考えても仕方がないことは「思考停止」して他のことに気持ちを集中させていけば、時間が状況を変えていくことだってあるかもしれません。

友だち

Q1　学校では、なんとなくいつも一緒にいるグループがあって、そこにいて友だちの話に合わせるのが辛い。誰かの悪口言って同意を求められることがあるけれど、そんなこと思っていないし本当はイヤなんです。話を合わせるために遅くまで起きてテレビドラマも見なくちゃいけないし。学校ってめんどくさい。

A1　学校の中で一緒にいる友だちがなく、一人だけでも平気でいられるっていうのは、中学生にとってはかなりきついことでしょうね。もちろんその方が楽だから、っていう人もいますが。そういうグループがないといろいろ情報も入らないし、何かを一緒にやらなくちゃいけないというときに居場所がなくなってしまうことがあるからです。だけど、この悩みは学年が進み自分の世界が広がっていく中で自然に小さくなっていくものです。高校生ぐらいになると、クラス、部活、バイト、社会活動と自分の世界が広がっていく中で、それぞれの場面場面に応じた人間関係ができてくるので、教室の人間関係は唯一絶対のものではなくなってきます。「……えぇっ、そうかもしれないけれど今はまだ高校生じゃない」ですって。そりゃそうです。今、中学生の自分にとっては教室の中の関係が大事なんだという場合、どうするかということに答えてないですからね。それでは友だちとうまくつきあうためのポイントを三つお話しします。

一つめは、確かにクラスの中での友だちとの関係は大切ですが、他にも人との関係はいくつもあります。今悩んでいる人間関係はその中の一つに過ぎないのです。部活の人間関係もそうですし、塾もそう。それから、家族もそうですし、おじいちゃんやおばあちゃんなど親戚もそうです。そのいろいろな人間関係の中で自分は育ってきたし、これからも育っていきます。こうしたすべての人間関係の中心にはまず自分という存在があって、いろいろな人間関係は自分が幸せに向かっていくためのものでなければなりません。もちろん、いい人間関係はつくっていくものであって、最初からできているものではありません。でも、もしいい関係へと発展させる見通しが立たないならば、その関係は関係を継続させる意味はないということです。友だちとの関係は重要ではありますが、絶対になくてはならないものでもない、とちょっと引いた感じのとらえ方でいた方がいいということをまず最初に言っておきます。

二つめは、友だちなんだから○○するのが当然のように相手に期待しすぎない、そして責任も感じすぎないことです。だいたい悩みの原因は、友だちなんだからということで意に反する誘いを受けたり要求されたりして、自分らしさを捨ててしまったところに起きてくるものです。自分を捨てなければ成り立たない友だちならばその人がいなくなっても、「自分」が残っていれば「自分」にふさわしい新たな友だちが必ず生まれます。でも、その本体の自分が壊れてしまえば未来も消えてしまいますし、何も生まれません。だから、断ることを覚えましょう。それから背伸びして接するのはやめましょう。

三つめは、いい友だち関係とは、ありのままの自分でいられる関係です。そういう関係を目指し、それが難しければ思い切って関係を切ることも必要だと思います。ずいぶん前のことですが、小学校時代から仲良しだった女子の五人グループのことを思い出しました。中学に入ったあともその人間関係は続きましたが、授業に遅刻したり抜け出したりしていました。学年の行事をみんなが楽しんでいるときも、そのグループはいつも隅の方に集まっていて参加しませんでした。でも、本当はみんなと一緒に楽しみたいと思っていたのです。「先生、私たちも感動できるかなぁ」、グループの一人の子があるときそんなことをつぶやいたこともありましたから。でも言い出すきっかけがつかめないまま、勉強はどんどんわからなくなって成績も下がっていきました。そんな二学期のある日、このままじゃいけないと思い始めていた子がもう一人の子に思いきって気持ちを打ちあけました。そして、終業式のあと二人でみんなに話したのです。「もうこんなことやめよう」。グループの残りの三人のうち二人もそう思っていたらしく賛同してくれましたが、結局、中心になっていたK子だけはウンとは言いませんでした。「やめたら私が私じゃなくなっちゃうから」という言葉で……。でも、この日を境に五人のグループは解散して、四人は自分の思いに従う生活に向けて歩みを始め、それぞれが残りの中学校生活を充実させました。K子は生活を立て直すことができないまま卒業しましたが、今は結婚して立派にお母さんをしています。

あなたの場合も、同じようなことを感じている人がいるかもしれません。そのことを誰かに打ちあけた方がいいかどうかは簡単には言えませんが、一番大切な自分の気持ちに素直に行動することの大切さを教えてくれているような気がします。

✦部活

Q1 私がバレー部に入ったのは、バレーがやりたいからではなく入学して出会ったクラスの友だちに誘われたからでした。学年の私以外のみんなは本当にバレー大好きでキツイ練

習も全然平気なんです。でも、私はもともと運動が苦手だし今もみんなの足をひっぱってる感じです。普段の日は毎日朝練と午後練の両方あって、土日も大会や練習試合、そうでなければ練習で、他のことをする時間がありません。一年生にバレーの上手な子が入ってきたので私はもう抜かれています。このごろ私は「他のこともしてみたい」と心の中でいつも思っています。それと、他の五人は小学校から一緒で仲がいいけど、私はそうでもありません。六人仲良しのように見えますが、陰で私の悪口を言ってることはわかってます。辞めたいって思って親に言ったけど、「一度始めたら最後までやりきりなさい」と言って辞めさせてくれません。

A1　部活動の出発点は、やりたい生徒がいて、教えサポートしてあげようという顧問の先生の両方がいたときに成り立つということです。やりたいという生徒がいても顧問の先生がいなければ成り立ちません。教えたい先生がいてもやりたい生徒がいなければ活動はできません。この両者の気持ちがあって初めてスタートラインに立てる、学校の活動の中でも特別なものです。また、「先生」のところでもお話ししましたが、学校では生徒は自分が所属するクラスも先生も自分で決めることができません。ところがこの部活動は顧問の先生と部のメンバー、活動内容などを見て生徒自身が自分で選んで決めることのできる数少ない活動です。もちろん決めるまでの間に、見学をしたり仮入部で練習を体験したり、いろいろな人から話を聞いたりします。他にも学校では、一日の時程も週の時程も一年間の予定もすでに決められていて、生徒はそれにしたがって行動するようになっています。ところが、部によっては活動の時間や内容も生徒が決めたり、先生と相談しながらみんなで決めていくというところもあります。部活動のあり方は学校によっても部によっても様々です。転勤などで顧問の先生が替わった途端に厳しくなったりゆるくなったりと、活動内容がまったく変わってしまったという部もあります。活動内容が一律に決められずに部によって個性が出せる、これが部活動の魅力でもあり怖いところでもあります。自分で選べるということは、選んだ責任を自分が負うということですから。

私は卓球部の顧問をしていましたが、そのとき次のような卓球部の活動方針を示していました。

「卓球という競技を仲間とともにすることを通して、①卓球の技術を身につける、②人間関係をつくる・広げる・学ぶ、の二つです。そして、スポーツは勝ち負けのあるゲームですから、勝つことは目標として掲げます」でも、決して目的にはしません。これも大切にした方針でした。もう一つ大前提としていつも思っていたことは、「生徒のみんなが学校に来て勉強するのも部活動をするのもすべて「幸せになるため」「前に進むため」であって、その活動を続けることが「辛さ苦しさ」の原因になって「前に進めなく」しているのならば真剣に対策を考えなくてはいけない、とくにそれが部活動ならば部を辞める、あるいは変えるということを考えた方が絶対にいい」ということでした。

あなたの場合は、バレー部の活動が精神的にも体力的にも負担になって希望が見えなくなっているようですね。でも、一番心配なのはそのことをチームメイトや顧問の先生に相談できずに一人で抱え込んでいることです。もしかしたら相談できないワケがあるのかもしれません。もしまだ相談していないのならば、まずチームメイトか顧問に相談してみましょう。もちろん、顧問やチームメイト以外でも、相談できる先生や先輩、友だちがいればそれもオッケーです。その上で納得いく改善策が見つからないのであれば、部を辞めることも賢明な選択になると思います。「一度始めたら最後までやりきりなさい」というおうちの人の考えも一理ありますが、実は「始める」という決断より「辞める」という決断の方が重要で難しいのです。辞める時期を逸してしまったために傷を深くしてしまったという失敗例もたくさんあります。以前受けもった生徒の中に「ある種のいじめを覚悟して」部を辞めた生徒がいました。彼は、続けるデメリットとともに辞めるメリットも考えました。そして「辞める」決断が安易な現状逃避ではなく、前に進むための方向転換になるという答えを出しました。この生徒は社会に出てからも辞めるかどうかという決断を迫られる場面に出会うたび、それが自分にとってどうなのかという基準で考えて勇気を持って方向転換したり、困難の中に希望を見つけて可能性を拓いたりしています。もう一度「自分はどうしたいのか」を問い直して、自分で決める一歩を踏み出してみてはどうでしょうか。

インターネット

Q1 クラスや部活などの連絡がスマホに来すぎてヤバい。受験生なのにどうしよう。「既読」でチェックされるからすぐに見て返さないとならないし……。その数が多すぎ……。これじゃ勉強ができない。私は成績ギリギリの志望校にしたので、当日点をちゃんと取らないと受からないんだ。先生は朝の会とかでダメだぞって言ってるけど全然効果なし。親にもいろいろ言われて、スマホ没収なんて脅されてる。でも、その方がいいかな?

A1　スマホって本当に便利なツールです。なんてったって、ポケットに入るサイズで持ち歩きもできてインターネットもできるんだから。アプリケーションソフト(アプリ)さえあればだいたいのことができちゃうわけです。音楽を聴く、映画を観る、本を読む、辞書を使うこともできるし、初めての土地の道案内もしてくれます。もちろん通話とメールもできますが、コミュニケーションアプリを入れればLINEを使うこともできます。その魅力はいろいろあるようですが、グループトークやスタンプなどの機能は若者にとって魅力的なようです。他にもFacebookやGoogle+、Instagramも便利なツールになっていますが、こうしたものをSNS(ソーシャル・ネットワーキング・サービス)と呼んでいます。SNSを使うと自分が見た景色をみんなに紹介したり、感じたことや考えたことをみんなに知らせて返事をもらったり、それを個人的なやりとりではなくみんなで共有することができるという仕組みです。LINEのグループトークを使うと部活の集合時間の連絡などを関係する人に通知したり、「ちょっと遅れます」などの連絡を一度に全員に届けることができますから、使ってみるととても便利な機能です。

コミュニケーションアプリにしてもスマホにしても、この「便利にしてくれる」機能は四章でお話しした「傍(はた)を楽にする仕事」そのものですね。ということは、働いて「傍(はた)を楽」にしてくれている人たちの「生活の糧」が「働く」ことでつくり出されなくてはいけません。私たちはこれからスマホを使おうとするときに、機械の値段には注意を払いますが、そのあとの利用料金にはあまり注意を払わないことがあります。あなたの利用料金は月額いくらぐらいになっているでしょうか。今はそれを親に出してもらっているかもしれませんが、自立していく段階では、四章の「一人暮らしをデザインする」の話を受けて「毎月いくらかかるか」に、その金額も上乗せしなくてはいけませんね。それと、ＬＩＮＥの魅力の一つをある高校生は「無料であること」と言っていました。もし、ＬＩＮＥをいくら使ってもどこにも料金が発生しないとしたら、働いている人たちの生活費はどのようにして生み出されるのでしょうか。でも、心配しなくても大丈夫です。ちょっと複雑な仕組みがあって、ちゃんと生活が成り立つように料金が発生しているのです。その料金は私たちが通信会社に直接支払うものもあれば、使っていくときにいろいろな場面で課金がされていくシステムかもしれません。「無料」という言葉で気楽に使っていったら予想外の請求が来たなんていうこともありますから要注意です。

スマホの場合、このお金の他に要注意なことがあと二つあります。一つは「情報管理」です。難しい言葉になってしまいましたが、たとえて言うとこうです。みなさんのおうちは戸を閉めると他の人は入れないし、中も見えなくなっています。それは、目に見える世界のことなので戸は閉めたか、鍵はかけたかとチェックして安全管理をすることができます。ところが、インターネットの世界は「現物」ではなく「情報」だけがやりとりされるので、目に見えないところでものごとが進んでいきます。例えば、ネコの写真をネット上で送って受け取った人がプリントして壁に貼るとします。そうすると、写真に撮られるネコは触れることのできる「現実」であり、プリントして出された写真も「現物」です。ところが、その途中のものは「現物」ではなく「情報」であって、素人にはそれがどんな姿をしているかもわかりません。そうすると、いくつかの問題が出てきます。まずリアルな世界で大切なものを誰かに渡そうとするときには、直接手渡しをしますから確かに渡ったということが確認できます。でも、インターネットの場合はいったん発信してしまうと、本当にちゃんと渡ったかどうかを目で追って確かめることができません。それと、送信しようとインターネットにつないだときに、スマホの中に入っている「秘密」がのぞかれたり持ち出されたりすることも起きます。それはまるで玄関のドアを開けた瞬間に泥棒が侵入するぐらいに、いやそれ以上に大変なできごとです。もしかしたらドアを開けた瞬間に泥棒は入らなくても「モンスター」が入り込んでどこかに隠れていて増殖を続け、あなたの家を乗っ取ってしまうようなことも起きかねないからです。もちろんそうならないようにいくつも鍵をかけて「家」を守るようにしていますが、それでも入り込むモンスターもいるし、何より恐ろしいのはそんなモンスターがいることを知らずに、鍵もかけずドアも開けっ放しで入り放題にしている中学生がいるかもしれないことです。スマホを使ってインターネットをするときは、そういう恐ろしい世界に向かってドアを開けている自覚を持ってもらいたいと思います。安易に自分や友だちの写真をインターネット上にアップすると、それが世界中の誰もが目にできる状態になってしまうこともあります。それは、世界中の電信柱に「指名手配写真」を貼り出すのと同じです。いや、それより大変です。「指名手配写真」は貼った場所を確認して回収することができますが、一度ネット上に拡散した「指名手配写真」は完全に回収することはできません。しかも、本当の姿を書き換えてウソの情報にして拡散したらどうでしょう。その人は大変な誤解を受けることになります。取り返しのつかないできごとになってしまいます。専門家の中には、こうしたインターネットの便利さと怖さをきちんと学んでから、ネットを使えるようにしなければいけないと主張している人たちもいます。怖さを知らずにネットで遊んでいる状態は、たとえて言えば、自動車の運転免許をとらずに交通ルールも知らないまま、車で街中を走り回っているようなものです。こんな言い方でその危険性を訴える人もいます。一度考えてみる必要があると思います。

もう一つは「時間管理」です。質問したあなたも、スマホという便利な道具を手に入れたおかげで自分が勉強する時間がとれなくなったと心配していましたね。スマホからはいろいろな情報が得られるし、ネットゲームも可能です。そんなことからスマホを手放すことができなくなって、若者の睡眠障害や視力低下の原因になっているということが社会問題となっています。一日は二四時間と決まっていますから、スマホの時間をつくるためにはどこかの時間を削らなくてはなりません。ある高校生対象の調査によると、それは睡眠時間や勉強時間だとなっています。こうしたスマホを手放せない状態は「ネット依存症」とも呼ばれ、大人になっても社会生活に支障が出てきているため「ネット依存症」の専門外来をおく病院もあります。

便利は「傍楽(はた)」とつながっていると言いましたが、「楽」にはまっていくだけだとその向こうに危険が待っていることもあります。いつも自分で便利の良さと危険性の両方を押さえながら舵取りをしていくことが必要ですね。特に、安全運転するだけの知識や技術がないときには自分の知識と技術に見合った使い方をするという選択も必要だと思います。

質問の最後にある、「没収の方がいいかも」というのも有効な選択肢ですし、「うちの親が決めたルール」を説明してみんなにも納得してもらい、時間を決めて使うのもありだと思います。こういう理由で「悪者」になるのであれば、お父さんお母さんもOKしてくれるんじゃないでしょうか。

✦クラスのなかで「あれ?」って思う子に気づいたら

Q1 転校生で、誰ともしゃべらない子がいます。「一緒に遊ぼ」って誘っても返事もしてくれません。「オイ! しゃべってみろよ!」「ほら、笑ってみてよ!」とからかわれたりしていますが無視しています。試験では良い点が取れるのに、授業中あてられたときには返事もしないので怒っている先生もいます。お高くとまっていてイヤな性格って言う友だちもいますが、性格が悪いようには思えません。何かしてあげられることはないでしょうか。

A1 この転校生は、「場面緘黙症(ばめんかんもくしょう)」であることが考えられます。私が大学の授業でこの問題を話したとき、自分が子どもの頃「場面緘黙症」であったという学生から手紙をもらったことがあります。まずその手紙を紹介します。

「場面緘黙症」について考えたこと、思っていること

私の経験をもとにしたものなのでかなり偏った考えになってしまっているかもしれませんが、今私が素直に考えていることを文章にしました。小学校の頃、みんなと違って「しゃべらない子」の私を不審がる子がクラスにいて、「オイ！　しゃべってみろよ」と言われ、「あいうえお」をムリヤリ順番に言わされたことがありました。また、「しゃべらない」ということは「不満がない」ことであり何をされても従順で「文句を言わない」と思う子もいて、ずっと「高おに」や「氷おに」などのおにごっこの鬼をさせられたことや、わざと足を踏まれたり、どつかれたりしたこともありました。それでもみんなと仲良くしたい、友達と遊びたい、という思いを持っていたと思うのでヘラヘラ笑っていたと思います。そういうことで特に先生や親、友達に何か文句を言うということはありませんでした。

自分がいじめにあっているとかハブられているとかいう意識もなく、クラスで実際にいじめられている子や悪口を言われている子を見て、可哀相だな、励ましてあげたいな、と思っていました。家では普通にしゃべれるのに学校に来ると魔法にかかったようにし

ゃべれなくなっていたので、どんな子にも話しかけることはできませんでした……。

給食班などで一緒になったクラスの子からは「○○ちゃんはしゃべらないからつまらない」と言われ続けてきました。周囲からは話さない子という認識しかされていなく、休憩時間はいつも本を読んで過ごしていました。でも、そのことがずっと続けばいいと考えていたのではありません。いつも誰かから話しかけられたときどう応えるかというシミュレーションや、周りから聞こえる友だちの話の輪の中に入っていくときのシミュレーションをしていました。実現することはなかったのですが、ともかくその頃は「友だちとおしゃべり」をすることに憧れていて、次はできるかも、次はできるかも、とずっと考えていました。

その後、五年生になったときのクラス替えがきっかけになって話してくれる友だちができて、少しだけ学校で声が出せるようになっていきます。ちょうどその頃、女の子の間で手紙交換や交換日記が流行り出していて、それに混ぜてもらうことができたのです。そんなことをしていくうちに、「話してもいいのかな」という思いがだんだんと広がっていったのかもしれません。そのとき手紙交換をしていた子とさえ学校ではまったく話はしていませんでした。でも、手紙を通してその子の秘密を教えてもらえたりしてすごく嬉しかったことを覚えています。私は学校で一言もしゃべりませんから、私に話したからといって秘密がバレることはなくちょうど良い相談相手だったのかもしれません。相変わらずしゃべることはできないでいましたが、誰かの役に立ちたいという思いはありました。無言で色々な人の係の仕事を手伝ったりしていたので、クラスのみんなの中にも「しゃべらない」けど「わるいヤツじゃない」という意識が広まっていて、手紙交換や交換日記の相手になってくれたんだと思います。

こうして小学校を卒業して、中学生になったときには普通に話して、仲の良い女子グループもいてという、はたから見れば何の問題もない生徒になります。昔から忘れ物や先生の言ったことを忘れたら誰にも聞けないというプレッシャーがあってまじめにしていたこともあり、先生からの信頼も得られたようです。委員長や部長など、責任のある仕事を任されることが増えていったことで、少しずつ自信につながっていったと思います。けれど、ある女子のグループの中にいるときは、ムリして明るいキャラをつくったり、ピエロになったり……、という自分に疲れてしまい、ちょっと周りの子と距離をおいたりしたときもありました。今思えば、ムリをしたのは昔のように「つまらない子」と思われるのがただただ恐かったのかもしれません。

私はやはりまだしゃべることが苦手です。辛かった記憶は消えることなく残っています。「今、話せるからいいじゃん」で終わらせたくない話だと思いますし、もしかしたら「話せること」がゴールではないのではないかと思っています。あと、私が今、自分でも驚き、そして反省しているのは、自分がだんだん「しゃべれる」ようになってきた頃、今度はおとなしい子、しゃべるのが苦手な子に対してイライラしていた時期があったということです。今考えてもとても傲慢な考えだったと思います。自分がなんとかがんばって周りと同じように話せていて、しかもちゃんと輪の中心になって話せている！と思い、自分が今まで目指してきたものができるようになったら今度は、輪の中に入れずにもじもじしている子が「努力をしていない子」「甘えてる子」と思えてしまったのです。今思うと本当にひどい話です。自分がかつて周囲にそう思われて辛かったことを、私はその子たちにしていたのですから。本当は「話すのが苦手な子」「口が達者な子」いろんな子がいていいと思います。先生にはそうした子どもが出しているSOSに気づいてほしいし、中学生のみなさんにはどこか「他のみんなと違う」ところがあっても、「わるいヤツじゃない」とその子に対して思うなら、どうかお互いに合った方法でコミュニケーションをとってみてもらいたいと思います。私は自分の意見が言えない子だったので、クラスのみんなからは「自分勝手」と思われているような子でも一緒にいて苦はありませんでした。いろんな人と仲良くなることは、自分の人生をゆたかにすることになるのではないかと思います。自分が「これがいい」と思う理想はあくまでも自分の理想でしかなく、それを誰かに押し付けて、こう振舞え！と思うことは傲慢ではないかと思います。多くの個性があふれ花開かせることのできる現代で、一人ひとりが「自分はどうありたいのか」を認め合い手助けしていきたいと思います。この手紙でお話ししたことが中学生のみんなに伝わって、誰かを思いやる気持ちが広がるといいなってそう願っています。

いかがですか。場面緘黙症だけでなく、クラスのなかには、他にも「あれ？」って思う人はいます。視力の弱い人、色の区別がつきにくい人、耳が聞こえにくい人、言葉が出にくい人、早く動けない人、体臭が強い人、それから病弱で休みがちな人、序章のところで触れたヒロミさんのような「性別違和」をはじめとした性的少数者の人もそうです。そうした人たちのなかには、他の人と違う自分がいけないのだと自らを責め続けている人もいます。多数と少数がいて当たり前、みんな違って当たり前なのだという空気があること、それが大切だという気がします。まずはそのなかで、自分ができることを考えるって大切です。何かいきなり動けなくても、方法が見つからなくてもいいと思います。最初はそれを、何かを感じた人が自分の周りにそんな空気をつくることから始める、お互いを受け入れる空気を自分がまとっていく、そしてできることを探す。違いのある人と一緒にいることを自然体にする。それでいいのではないかなと思います。お互いの自分らしさを認め、自分の努力が変化になるのを待ってくれる友だちがいることが自分のがんばる力になる、それは自分が誰かの変化を待てる人になるということでもあります。

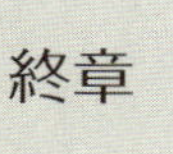

終章

子どもの権利条約に出会いましたか

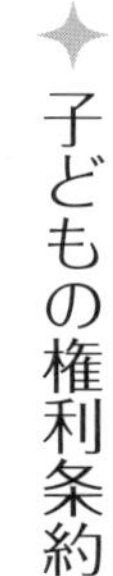

子どもの権利条約

子どもの権利条約(児童の権利に関する条約)を知っていますか？　一九八九年に国連総会で採択され、日本は一九九四年に国会で批准して世界で一五八番目の締約国となりました。どんな条約なのでしょうか。この「子ども」の「権利」「条約」という三つの言葉の意味から考えてみます。

まず「子ども」とは、子どもの権利条約第一条で一八歳未満のすべての人のことをいうとされています。ですから中学生は子どもです。高校生は子どもとして入学して大人として卒業することになります。世界中の大人たちもみんな昔は子どもでした。今はまだ子どものみなさんも、いつまでもずっと子どものままでいることはできません。やがては大人になります。でも慌てることはありません。あせらずゆっくりたっぷり自分らしく子ども時代をしっかりと過ごすことで、ちゃんと大人になっていきますから。

次に「権利」です。権利はもともと日本にあった言葉ではありません。明治時代に外国語のrightを西周(にしあまね)という人が日本語にしたものだと言われています。rightには「正しい」と「当然のこと」といった意味があります。子どもの権利つまり人権とは、人間として誰もが持っていて当たり前のこと。例えば「安心」「自信」「自由」です。「安心」とは心が安らかでいられること、虐待や暴力、いのちの危険や飢え、病気になっても治療が受けられないなどの不安がなく、子ども時代を過ごせるということです。「自信」とは自分を信じて肯定することができること、つまり世界に一人だけ、歴史の中で一人だけの自分のことを価値ある存在として自分自身を認められることです。そして最後の「自由」というのは自分の考えで行動できることです。

ユニセフは、「生きる権利」「育つ権利」「守られる権利」「参加する権利」の四つに分けて説明しています。大人に尊重される「人間としての当たり前」が、子どもには認められないのはおかしなことです。「人間としての当たり前」が認められていない子どもは「当たり前の人間」ではないことになってしまうからです。もちろん、人類の歴史の中でかつてそういうことはありました。人種や性別、信じる宗教などによって「人間としての当たり前」が差別されていた時代はありました。それは、歴史や公民できっと勉強すると思います。「半人前」とか「○○のくせに」という言葉はその名残(なごり)かもしれません。子どもは大人と同じ人間。だから大人の持つ人間としての権利は当然子どもにもあって、それに加えて守られ育つ権利ということが子ども特有の権利として特別にある……、それが子どもの権利なのです。

最後に「条約」とは、国家間で取り交わした約束事(合意)のことです。今、日本はこの子どもの権利条約の他にどこの国とどんな条約を結んでいるでしょうか。それはぜひ自分で調べてみてください。条約は国と国との約束事なので、いったん約束をしておきながら「うちの国にはこの法律があるからその約束は守れません」ということはできません。もしその約束に反する法律があるならば、その国の法律の方を変えなくてはならないのです。それくらい重い意味を持っているのが条約です。あ、ただし一つだけ条約より重たい法律があります。何だかわかりますね。そう憲法です。国の代表者は憲法に違反する条約は結んではならないのです。

まとめると、子どもの権利条約とは、一八歳未満のすべての人の安心・自信・自由という人権を守ること、生きる・育つ・守られる・参加するという子どもの権利について世界中の国々の間で交わされた約束事であり、約束した国はその国の法律を変えてまでそれを尊重しなければならないものだということになります。ただその約束が本当に守られているかは、ぜひ調べてみる必要がありそうです。残念ながら、ここではこれ以上詳しい内容に触れることはできません。でも、いろいろな本が出ていますので、是非それを読んで自分で確かめてみてください。

さて、どうしてこの本の終章でこのお話をすることにしたかというと、五章まででお話ししてきたことは、すべてこの子どもの権利条約に詰め込まれているからなのです。例えば、序章で、「鉄腕アトムみたいになろう」と呼びかけました。これは一人ひとりが感情や意志を持った人間として尊重され、「なりたい自分」に向かってその子の可能性が最大限に伸ばされるよう応援してもらえるという、子どもの権利条約の考えと同じものです。未熟な子どもだからといって大人の言うことにただ従うだけではいけない。自分に関係があることについてはちゃんと意見が言えるし、その意見は考慮されなければならないという第一二条(意見表明権)や、大人になったとき自由な社会の中で自分の発言や行動に責任がとれるように子ども時代から体験し学んで準備していくという第二九条(教育の目的)、また子どものことが決められるときにはその子にとって何が一番いいかが最優先して考えられるという第三条(子どもの最善の利益)など、とても重要な約束が書かれています。

えっ、それって子どもが守らなくちゃいけないの？　生まれたばかりの赤ちゃんもその約束を守らなくちゃいけないの、ですって？　いいえ、この子どもの権利条約は、子どもが守らなければいけないことについて書いてあるのではありません。国や自治体、つまり大人が子どもに対して「守りますよ」って約束していることが書かれているものなのです。大人は昔自分が子どもだったときのことを忘れてしまっているので、わざわざ言葉にして示しているのです。だから本当は、どんなことが約束してあるのか世の中の大人たちには義務として勉強してもらって、ちゃんとわかったかどうか、大人としての資格があるかどうかテストしなくてはいけないことかもしれません。約束(子どもの権利条約)のことを知らない大人たちは、時々子どもの権利条約に反することを言ったりしたりします。そうすると、みなさんの中には安心・自信・自由が侵害されて、その結果自分を嫌いになったり、なりたい自分に向かって学ぶことをあきらめたりする人が出ることがあります。傷ついて自分はダメな子だって思い込んでしまう子もいます。

　子どもの権利条約には「その子にとってそれが一番いいのであれば……○○します」という意味のことが書かれている権利がいくつかあります。でも、それが一番いいって誰が決めるの？　ってことですよね。大人が「お前のため」と言って決めることって、今は「いい高校」に入るために遊ぶのはガマンして勉強しなさい、ガマンして勉強をがんばって高校に入ったら「いい大学」に入るために……という具合にいつも「未来のために今をガマン」ということの連続になりそうな気がしませんか。「ボクの今は未来のためだけにあるんじゃない、今しかできないことだってあるんだ」という声も聞こえてきそうです。だから、子どもの最善の利益(第三条)は、大人が決めるのではなく子どもの意見もちゃんと聞くということで、第一二条の意見表明権とセットにして考えていかないとダメって言われているんです。大人だって自分のことが自分の知らないところで話されて決められて、「今度あなたはこうすることになったから」って結論だけ一方的に言われて従わされたらイヤだって思うし、怒るはずです。子どもだって同じです。だから、自分のことについては自分の感じ方や考えを言っていいのです。自分が辛いなとか苦しいなとか、本当はこうしたいのになとかイヤだなって思ったら遠慮なく声に出しましょう。ただしそれは自分の意見や感じ方が正しくってすべてに優先されるとか、言ったらすべて受け入れてもらえるということではありません。まず、相手にわかってもらえるようにちゃんと自分の考えを話す努力をすること、そして相手の考えを理解しようと努力することです。もし、意見が対立したらここは受け入れるけれど、ここは譲れないなど「折り合い」をつける努力をすることなんかも必要です。それは大人と子どもの関係だけでなく、子ども同士の場合だって同じです。自分の思いを伝えるという権利を主張するということは、相手の権利も尊重するということです。お互いの思いや感じ方を尊重しながらちゃんと意見を言って、最終的に納得したらそれに従えばいいことです。

おわりに――この本に込めた思い

「中学生になったら」というこの本のタイトルは、今、中学生時代を生きている人に読んでいただきたいと考えてつけました。では、その中学生時代を生きているというのは誰かということになります。それは中学生はもちろん、これから中学生になる人、中学生の親、中学校の先生、そして中学校の先生になろうとしている人、いろいろなことで中学生にかかわっている人すべてだと考えています。書かなければいけないことが次々に浮かんできましたが、私の力量では今を生きる中学生のすべての課題に応えることはできませんでした。でも、中学校教師を退職して、今はもう直接に語ることのできなくなった「中学生たち」に本を通して語る最後のチャンスをいただいたのだから、語りたいと思うことを精一杯伝えようという思いを込めて書かせていただきました。

この本ができるまでに多くの人のお世話になりました。まず私が三六年間の中学教師生活の中で出会ったすべての中学生たちです。この本はその「中学生たち」との学び合いがもとになって書かれています。特に私が最後に担任した一年四組の子どもたちには深く感謝しています。この本では触れることができませんでしたが、私の教師人生の最後に担任したこのクラスは、入学当初、いじめがあってけじめのないクラスでした。一年の終わりに、クラス代表の生徒が読んでくれた作文には当時のことがこう書かれています。

「一学期の四組は授業妨害やいじめなどが多く、クラスがまとまっていませんでした。授業も荒れていて注意されても私語は止まらず、頭上には紙ボールが飛んでいました。学年でも学級崩壊をしているクラスとして有名でした。ときがたつにつれていじめはどんどん増していく一方。特定の人にあだ名をつけてからかってみたり、授業中に人の悪口を書いた紙を回してみたり……。私は早く二年生になってクラス替えをしたい。もうこんなクラスはこりごりだ。そんなことを考えているうちに学校に通うのがだんだん苦痛になっていきました。そんなときに先生は、このいじめに対する意見文をクラス全員に書かせ、それをまとめて『38人の一歩』という文集をつくってくれました。二学期に入ってからもいじめや授業妨害は続きましたが、そのたびに先生は『38人の一歩』をつくってくれました。先生と私たちはこの文集を通してお互いの気持ちを理解し合い、どう変わっていきたいかを話し合うことができました。どんなに辛いことがあっても、先生はあきらめずに、私たちを信じて「大丈夫！　四組は絶対に変わる！」と言ってくれました。そして入学からの長い間悩み続けてきた状態から抜け出して、私たちは変わることができました。今では、教室では、男女区別なく語り合う姿が見られ笑顔と笑い声がいっぱいになっています。四組の多くの生徒はこのままの学級で二年生に進級したいと言っています」

こんな言葉をもらって、私は「宇宙一幸せな中学校教師」を実感し退職させてもらったのです。

いじめで荒れたクラスを変えたのは中学生たちです。私はそのお手伝いをしただけにすぎません。三八人がクラスで起きている問題を一緒に引き受けて、一人ひとりがどう変わりたいかを考え意見を言って、「なりたいクラス」に向かって変わろうと舵を切ったとき、方向転換が始まったのです。大学生にこの話をすると、どうして「大丈夫！　四組は絶対に変わる！」と言えたのか？　と質問されることがあります。そのとき私はこう答えます。「そんなの決まっているじゃん。だって、こんないじめがあってけじめのないクラスなんて誰も望んでいないからだよ。みんなの思いを出し合っていけば「なりたいクラス」に向かっていくに決まっているさ」って……。

私は一年四組の子どもたちの卒業を待たずに教壇を去ることになりました。そのお別れの日に、「みんなが卒業するまで一緒にいることができないのが残念」と話し、「卒業するまでに、みんなに伝えたかったことをこの本に書く」と約束しました。「卒業するまでに」という約束の期限はとっくに過ぎてしまいましたが、こうしてカタチにすることができたのは、彼らとの約束があったからです。この場をお借りして子どもたちに「ありがとう」と言いたいです。

私たちは人生の中で学校の卒業式というものを何回か経験しますが、中学校の卒業式ほど泣ける卒業式はないと思います。それは、中学生時代が人生の中でも類を見ない激動と成長の三年間だからです。今、社会が複雑化して家族のあり方や大人の生活も変化する中、中学生も大人社会の影響を受けて大きく揺れています。こうした、大人社会が原因で起きている中学生の問題まで中学生のせいにして語る大人たちには不快感を感じますが、そのことで自分を責めたり未来をあきらめたりしている中学生には応援のエールを送りたいです。

大丈夫だよ！　キミは一人じゃないからね。「なりたい自分」を大切にして、あきらめずに進んでいこう！

二〇一七年　春

宮下　聡

宮下 聡

1952年東京生まれ．北海道オホーツクの大自然に包まれて中学高校生時代を生きる．茨城大学理学部卒業．1970年代後半の「校内暴力の嵐」の時代に中学校教員となって「熱血青年教師」時代を過ごす．その後子どもの権利条約との出会いを経て子どもとゆったり向き合えるようになる．教師生活の最後の年，中学1年生学級担任として「宇宙一幸せな中学教師」を実感させてもらい定年退職．今は都留文科大学教職支援センター特任教授として教員志望の大学生とゆったり向き合いながら中学生のステキを伝えている．著書に『中学生の失敗する権利，責任をとる体験』，共著に『子どもにかかわる仕事』，『いじめと向きあう』など．

中学生になったら　　岩波ジュニア新書 853

2017年5月19日　第1刷発行
2022年3月15日　第4刷発行

著　者　宮下　聡（みやした　さとし）

発行者　坂本政謙

発行所　株式会社 岩波書店
〒101-8002 東京都千代田区一ツ橋 2-5-5
案内 03-5210-4000　営業部 03-5210-4111
ジュニア新書編集部 03-5210-4065
https://www.iwanami.co.jp/

印刷製本・法令印刷　カバー・精興社

ISBN 978-4-00-500853-7　　Printed in Japan

岩波ジュニア新書の発足に際して

きみたち若い世代は人生の出発点に立っています。きみたちの未来は大きな可能性に満ち、陽春の日のようにひかり輝いています。勉学に体力づくりに、明るくはつらつとした日々を送っていることでしょう。

しかしながら、現代の社会は、また、さまざまな矛盾をはらんでいます。営々として築かれた人類の歴史のなかで、幾千億の先達(せんだつ)たちの英知と努力によって、未知が究明され、人類の進歩がもたらされ、大きく文化として蓄積されてきました。にもかかわらず現代は、核戦争による人類絶滅の危機、貧富の差をはじめとするさまざまな人間的不平等、社会と科学の発展が一方においてもたらした環境の破壊、エネルギーや食糧問題の不安等々、来るべき二十一世紀を前にして、解決を迫られているたくさんの大きな課題がひしめいています。現実の世界はきわめて厳しく、人類の平和と発展のためには、きみたちの新しい英知と真摯(しんし)な努力が切実に必要とされています。

きみたちの前途には、こうした人類の明日の運命が託されています。ですから、たとえば現在の学校で生じているささいな「学力」の差、あるいは家庭環境などによる条件の違いにとらわれて、自分の将来を見限ったりはしないでほしいと思います。個々人の能力とか才能は、いつどこで開花するか計り知れないものがありますし、努力と鍛錬の積み重ねの上にこそ切り開かれるものですから、簡単に可能性を放棄したり、容易に「現実」と妥協したりすることのないようにと願っています。

わたしたちは、これから人生を歩むきみたちが、生きることのほんとうの意味を問い、大きく明日をひらくことを心から期待して、ここに新たに岩波ジュニア新書を創刊します。現実に立ち向かうために必要とする知性、豊かな感性と想像力を、きみたちが自らのなかに育てるのに役立ててもらえるよう、すぐれた執筆者による適切な話題を、豊富な写真や挿絵とともに書き下ろしで提供します。若い世代の良き話し相手として、このシリーズを注目してください。わたしたちもまた、きみたちの明日に刮目(かつもく)しています。(一九七九年六月)

936 ゲッチョ先生と行く 沖縄自然探検　盛口 満

沖縄島、与那国島、石垣島、西表島、宮古島を中心に、様々な生き物や島の文化を、著名な博物学者がご案内！〔図版多数〕

937 食べものから学ぶ世界史 ―人も自然も壊さない経済とは？　平賀 緑

食べものから「資本主義」を解き明かす！ 産業革命、戦争…。食べものを「商品」に変えた経済の歴史を紹介。

938 国語をめぐる冒険　渡部泰明・平野多恵・出口智之・田中洋美・仲島ひとみ

世界へ一歩踏み出せば、新しい出会いと成長への機会が待っています。国語を使ってどう生きるか、冒険をモチーフに語ります。

940 俳句のきた道 芭蕉・蕪村・一茶　藤田真一

古典を知れば、俳句がますますおもしろくなる！ 個性ゆたかな三俳人の、名句と人生、俳句の心をたっぷり味わえる一冊。

941 AIの時代を生きる ―未来をデザインする創造力と共感力　美馬のゆり

人とAIの未来はどうあるべきか。「創造力と共感力」をキーワードに、よりよい未来のつくり方を語ります。

942 親を頼らないで生きるヒント ―家族のことで悩んでいるあなたへ　コイケ ジュンコ NPO法人ブリッジフォースマイル協力

虐待やヤングケアラー…、子どもはどのようにSOSを出せばよいのか。社会的養護のもとで育った当事者たちの声を紹介。

943 数理の窓から世界を読みとく
——素数・AI・生物・宇宙をつなぐ
初田哲男
柴藤亮介 編著
数学を使いさまざまな事象を理論的に解明する方法、数理。若手研究者たちが数理を共通言語に、瑞々しい感性で研究を語る。

944 自分を変えたい
——殻を破るためのヒント
宮武久佳
いつも同じメンバーと同じ話題。親に勧められた大学に進学し、楽勝科目で単位を稼ぐ。ずっとこのままでいいのかなあ?

945 ヨーロッパ史入門
原形から近代への胎動
池上俊一
古代ギリシャ・ローマから、文化的統合体としてのヨーロッパの成立、ルネサンスや宗教改革を経て、一七世紀末までを俯瞰。

946 ヨーロッパ史入門
市民革命から現代へ
池上俊一
近代国家の成立や新しい思想の誕生、二度の大戦、アメリカや中国の台頭。「古い大陸」ヨーロッパがたどった近現代を考察。

947 〈読む〉という冒険
イギリス児童文学の森へ
佐藤和哉
アリス、プーさん、ナルニア……名作たちは、本当は何を語っている?「冒険」する読みかた、体験してみませんか。

948 私たちのサステイナビリティ
——まもり、つくり、次世代につなげる
工藤尚悟
「サステイナビリティ」とは何かを、気鋭の研究者が、若い世代に向けて、具体例を交えわかりやすく解説する。